westermann

Hans Jecht, Hesret Cango, Jona Kemmerer

Prüfungstraining KOMPAKT

Kauffrau/Kaufmann im E-Commerce

3. Auflage

Bestellnummer 28615

Zusatzmaterialien zu Prüfungstraining KOMPAKT E-Commerce

Für Lehrerinnen und Lehrer

BiBox Einzellizenz für Lehrer/-innen (Dauerlizenz)
BiBox Kollegiumslizenz für Lehrer/-innen (Dauerlizenz)
BiBox Kollegiumslizenz für Lehrer/-innen (1 Schuljahr)

Für Schülerinnen und Schüler

BiBox Einzellizenz für Schüler/-innen (1 Schuljahr)
BiBox Einzellizenz für Schüler/-innen (4 Schuljahre)
BiBox Klassensatz PrintPlus (1 Schuljahr)

© 2025 Westermann Berufliche Bildung GmbH, Ettore-Bugatti-Straße 6-14, 51149 Köln
www.westermann.de

Das Werk und seine Teile sind urheberrechtlich geschützt. Jede Nutzung in anderen als den gesetzlich zugelassenen bzw. vertraglich zugestandenen Fällen bedarf der vorherigen schriftlichen Einwilligung des Verlages. Wir behalten uns die Nutzung unserer Inhalte für Text und Data Mining im Sinne des UrhG ausdrücklich vor. Nähere Informationen zur vertraglich gestatteten Anzahl von Kopien finden Sie auf www.schulbuchkopie.de.

Für Verweise (Links) auf Internet-Adressen gilt folgender Haftungshinweis: Trotz sorgfältiger inhaltlicher Kontrolle wird die Haftung für die Inhalte der externen Seiten ausgeschlossen. Für den Inhalt dieser externen Seiten sind ausschließlich deren Betreiber verantwortlich. Sollten Sie daher auf kostenpflichtige, illegale oder anstößige Inhalte treffen, so bedauern wir dies ausdrücklich und bitten Sie, uns umgehend per E-Mail davon in Kenntnis zu setzen, damit beim Nachdruck der Verweis gelöscht wird.

Druck und Bindung: Westermann Druck GmbH,
Georg-Westermann-Allee 66, 38104 Braunschweig

ISBN 978-3-427-**28615**-8

Vorwort

Die heiße Phase beginnt:

Der erste Teil oder sogar schon der zweite Teil der Abschlussprüfung steht bevor. Auf diese Prüfung sollten Sie sich gut vorbereiten. Dabei hilft Ihnen dieses Buch. Mit ihm kann in kurzer und übersichtlicher Form das Beherrschen aller für die IHK-Abschlussprüfung wichtigen Lerninhalte überprüft werden.

Wie sollten Sie mit diesem Buch arbeiten?

Sie sollten sich klarmachen, dass es in keinem Fall ein Schulbuch ersetzt. Es dient aber einer effektiven Prüfungsvorbereitung, indem Gelerntes in vielen Fällen sehr schnell wieder ins Gedächtnis zurückgebracht wird. Andererseits erkennen Sie aber auch eventuelle Lücken, die Sie dann mit Ihrem Schulbuch schnell schließen können. Sie können also gleich überprüfen, in welchen Bereichen Ihrer Ausbildung Sie eventuell noch Defizite haben.

Beachten müssen Sie, dass einige der in den Kapiteln für einen Prüfungsbereich dargestellten Lerninhalte auch für andere Prüfungsfächer der Prüfung bedeutsam sein können.

Sowohl der Verlag als auch der Autor wünschen Ihnen viel Erfolg bei der Prüfungsvorbereitung und besonders bei der Prüfung.

Hildesheim, Herbst 2024

Hans Jecht, Hesret Cango, Jona Kemmerer

Inhaltsverzeichnis

Prüfungsmodalitäten.. 7

A Sortimentsbewirtschaftung und Vertragsanbahnung 11
1. Waren- oder Dienstleistungssortiment mitgestalten und online bewirtschaften 11
2. Arten von Produktdaten 15
3. Produktklassifikationen und Produktkategorien 17
4. Instrumente zur Förderung des Verkaufs 17
5. Rechtliche Regelungen 18
6. Serviceleistungen 22
7. Zahlungsverkehr 24
8. Zusammenstellung des Sortiments 25
9. Die Struktur von Bestellungen 26
10. Beschaffungsrelevante Absatzzahlen 26
11. Die Produktbeschreibung auf der Produktdetailseite 26
12. Der Checkout-Prozess 28
13. Der Abschluss von Verträgen 33
14. Erfüllungsort und Gerichtsstand 35
15. Kaufvertragsarten 36
16. Die Allgemeinen Geschäftsbedingungen 37
17. Fernabsatzrecht 39
18. Datenschutz und Datensicherheit 40
19. Grafische Darstellung von Produkten 40

B Geschäftsprozesse im E-Commerce 42
1. Online-Vertriebskanäle auswählen und einsetzen 42
2. Kennzahlen zur Auswertung des Nutzerverhaltens 54
3. Benutzerfreundliche Prozessabläufe 55
4. Rahmenbedingungen 57
5. Projektorientierte Arbeitsorganisation 62
6. Marketing 68
7. Marktforschung 69
8. Produktpolitik 69
9. Sortimentspolitik 70
10. Preispolitik 72

11	Distributionspolitik	73
12	Kommunikationspolitik	74
13	Werbung	75
14	Das Marketingkonzept	77
15	Das Gesetz gegen den unlauteren Wettbewerb	78
16	Das Kundenbeziehungsmanagement	78
17	Einbeziehung der Kundenstruktur ins Marketing	82
18	Das Onlinemarketing	82
19	Die Preisgestaltung	100
20	Die Kalkulation von Verkaufspreisen	101
21	Inventur und Inventar	102
22	Bilanz	104
23	Geschäftsfälle und Veränderungen der Bilanz	105
24	Die Bestandskonten	106
25	Ablauf der Buchführung	108
26	Erfolgskonten	110
27	Warenbuchungen	111
28	Grundsätze ordnungsgemäßer Buchführung	111
29	Eröffnungsbilanzkonto und Schlussbilanzkonto	113
30	Die Umsatzsteuer	113
31	Die Kostenartenrechnung	115
32	Kostenstellenrechnung und Kostenträgerrechnung	117
33	Das Controlling	124
C	**Kundenkommunikation im E-Commerce**	**128**
1	Der Lieferverzug	128
2	Kontrollen im Wareneingang	128
3	Die Schlechtleistung	129
4	Die Bearbeitung von Reklamationen und Retouren	133
5	Der Annahmeverzug	134
6	Der Zahlungsverzug	135
7	Mahnverfahren und Verjährung	135
8	Kommunikation	136
D	**Wirtschafts- und Sozialkunde**	**144**
1	Unternehmensziele	144
2	Rechtsformen	145

3 Die Aufbauorganisation 147
  4 Zusammenarbeit des Unternehmens mit
    anderen Institutionen 148
  5 Marktsituation und konjunkturelle Entwicklung 149
  6 Die Berufsbildung 150
  7 Der Arbeitsvertrag 151
  8 Rechtliche Regelungen mit Auswirkungen
    auf den Arbeitsvertrag 151
  9 Sicherheit 152
  10 Nachhaltigkeit 155

E LÖSUNGEN **158**
  A Sortimentsbewirtschaftung und Vertragsanbahnung 158
  B Geschäftsprozesse im E-Commerce 186
  C Kundenkommunikation im E-Commerce 229
  D Wirtschafts- und Sozialkunde 249

Bildquellenverzeichnis **261**

Sachwortverzeichnis **262**

PRÜFUNGSMODALITÄTEN

1. Überblick über die Prüfung

Die Prüfung für den Ausbildungsberuf „Kaufmann/Kauffrau im E-Commerce" erfolgt in Form einer gestreckten Abschlussprüfung in zwei Teilen.

Der erste Teil der Prüfung

Das Fach **„Sortimentsbewirtschaftung und Vertragsanbahnung"** wird Mitte des zweiten Ausbildungsjahres geprüft. Es soll überprüft werden, ob die Schülerinnen und Schüler fähig sind,

→ das Waren- und Dienstleistungsangebot im Onlinevertrieb kunden- und serviceorientiert mitzugestalten und zu bewirtschaften,
→ die Beschaffung von Waren oder Dienstleistungen für den Onlinevertrieb zu unterstützen,
→ Vertragsanbahnungen im Onlinevertrieb zu gestalten und Vertragsabschlüsse herbeizuführen sowie
→ rechtliche Regelungen bei der Sortimentsbewirtschaftung, der Beschaffung und der Vertragsanbahnung einzuhalten.

Diese Prüfung dauert 90 Minuten. Das Ergebnis geht mit 25 % in das Gesamtergebnis der Prüfung ein.

Der zweite Teil der Prüfung

Der zweite Teil der Prüfung, der zum Ende der Ausbildung abgelegt werden muss, besteht aus drei schriftlichen Prüfungen sowie einer mündlichen Prüfung.

Das Prüfungsfach **„Geschäftsprozesse im E-Commerce"** wird 120 Minuten lang schriftlich geprüft. Das Ergebnis dieses Prüfungsfachs geht mit 30 % in das Gesamtergebnis ein. Hier wird überprüft, ob die Schülerinnen und Schüler in der Lage sind,

- → komplexe Arbeitsaufträge handlungsorientiert zu bearbeiten,
- → fachliche und wirtschaftliche Zusammenhänge zu analysieren, Lösungen für Aufgabenstellungen zu entwickeln und dabei Instrumente der kaufmännischen Steuerung und Kontrolle zu nutzen,
- → wirtschaftliche und technische Entwicklungen im Hinblick auf ihre Relevanz für den E-Commerce einzuschätzen,
- → englische Informationen und Fachbegriffe situationsbezogen zu nutzen und
- → rechtliche Regelungen bei den Geschäftsprozessen im E-Commerce einzuhalten.

Im schriftlichen Prüfungsfach „Kundenkommunikation im E-Commerce" soll von den Schülerinnen und Schülern nachgewiesen werden, dass sie fähig sind,

- → Kundenanliegen lösungsorientiert zu bearbeiten,
- → bei der Vertragserfüllung entstehende Störungen zu bearbeiten,
- → Rückabwicklungsprozesse zu organisieren,
- → Kommunikationskanäle auszuwählen und zu steuern,
- → Schnittstellen von Kommunikationskanälen zu berücksichtigen,
- → Kommunikation mit Kundinnen und Kunden zielgruppenorientiert und situationsgerecht zu gestalten, auszuwerten und zu optimieren und
- → rechtliche Regelungen bei der Kundenkommunikation im E-Commerce einzuhalten.

Die Prüfung dauert 60 Minuten. Das Ergebnis dieser Prüfung macht 15 % des Gesamtergebnisses aus.

Im Prüfungsfach **„Wirtschaft- und Sozialkunde"** sollen die Lernenden schriftlich die Kompetenz nachweisen, allgemeine gesellschaftliche und wirtschaftliche Zusammenhänge der Arbeits- und Berufswelt darstellen und beurteilen zu können. Diese Prüfung dauert 60 Minuten. Das Ergebnis dieser Prüfung geht zu 10 % in das Gesamtergebnis ein.

Teil der Abschlussprüfung	Prüfungsbereich	Prüfungsverfahren
Teil 1 der gestreckten Abschlussprüfung	A Sortimentsbewirtschaftung und Vertragsanbahnung	Mischverfahren: ca. 50 % ungebundene Aufgaben, ca. 50 % gebundene Aufgaben

Teil der Abschlussprüfung	Prüfungsbereich	Prüfungsverfahren
Teil 2 der gestreckten Abschlussprüfung	B Geschäftsprozesse im E-Commerce	Mischverfahren: ca. 67 % ungebundene Aufgaben, ca. 33 % gebundene Aufgaben
	C Kundenkommunikation im E-Commerce	100 % ungebundene Aufgaben
	D Wirtschafts- und Sozialkunde	100 % gebundene Aufgaben

Überblick über die schriftlichen Prüfungen

In der ca. 20 Minuten dauernden mündlichen Prüfung **"Produktbezogene Prozesse im E-Commerce"** wird ein fallbezogenes Fachgespräch durchgeführt. Die Schülerinnen und Schüler sollen berufstypische Aufgabenstellungen in Form vollständiger Handlungen lösen. Diese Prüfung hat einen Anteil von 20 % am Gesamtergebnis.

2. Das Bestehen der Prüfung

Der Teil 1 der gestreckten Abschlussprüfung zählt bereits für die Endnote. Über die inTeil 1 erbrachten Leistungen erhält der Prüfling eine schriftliche Bescheinigung.

Das endgültige Prüfungsergebnis wird erst nach Beendigung von Teil 2 festgestellt.

Folgender Notenschlüssel wird in der Prüfung verwendet:

- ⇢ 100 bis 92 Punkte Note 1 – sehr gut
- ⇢ unter 92 bis 81 Punkte Note 2 – gut
- ⇢ unter 81 bis 67 Punkte Note 3 – befriedigend
- ⇢ unter 67 bis 50 Punkte Note 4 – ausreichend
- ⇢ unter 50 bis 30 Punkte Note 5 – mangelhaft
- ⇢ unter 30 bis 0 Punkte Note 6 – ungenügend

Prüfungsmodalitäten

Wenn folgende Bedingungen erfüllt sind, ist die Prüfung bestanden:
- → Im Gesamtergebnis von Teil 1 und Teil 2 muss mindestens der Bereich „ausreichend" erreicht sein.
- → Das Ergebnis von Teil 2 der Abschlussprüfung muss mindestens „ausreichend" betragen.
- → Mindestens drei Prüfungsbereiche von Teil 2 der Abschlussprüfung müssen mit mindestens „ausreichend" bewertet worden sein.
- → In keinem Prüfungsbereich von Teil 2 darf es ein „ungenügend" geben.

Sie können bei Gefahr des Nichtbestehens der Abschlussprüfung in einem der schriftlichen Prüfungsbereiche, in dem sie schlechter als „ausreichend" bewertet wurden, eine mündliche Ergänzungsprüfung beantragen. Der Prüfungsausschuss stellt 15 Minuten lang mündliche Fragen, die sich auf den in der Ausbildungsordnung für dieses Prüfungsfach vorgesehenen Inhalt beziehen. Bei der Ermittlung des neuen Ergebnisses für das Prüfungsfach werden die Ergebnisse der schriftlichen Prüfung und der mündlichen Ergänzungsprüfung im Verhältnis 2 zu 1 gewichtet.

A
SORTIMENTSBEWIRTSCHAFTUNG UND VERTRAGSANBAHNUNG

1 Waren- oder Dienstleistungssortiment mitgestalten und online bewirtschaften

Aufgabe 1

Beim Aufbau eines Sortiments spielen im E-Commerce Produktdaten eine große Rolle. Die Darstellung im Webshop erfolgt auf unterschiedlichen Seiten und mit verschiedenen Elementen. Vervollständigen Sie den nachstehenden Text um die folgenden Begriffe:

Landing Page – Landing Page – Navigation – Paginierung – Produktboxen – Produktdetailseite – Produktfilter – Produktkategorienseite – Produktkategorienseite – Startseite – Suchfunktion – Teaser – Vertrauenssiegel (Trust-Siegel)

Die Kundinnen und Kunden kommen durch Eingabe der Internetadresse des Webshops auf dessen _____.

Von dort aus gelangen sie über eine _____ auf die Produktdetailseite.

Die potenziellen Käufer/-innen werden von einer Suchmaschine auf eine Übersichtsseite des Webshops geleitet, eine sogenannte _____.

Unter einem Slider versteht man Elemente aus Bildern und Texten, die in regelmäßigen Abständen wechselnde Inhalte anzeigen. Im Normalfall enthält ein Slider:
→ ein großes Bild
→ eine Überschrift
→ einen kurzen Teaser
→ einen Link zu weiteren Inhalten

Ein _____ ist ein Element einer Internetseite, das hauptsachlich neugierig machen und die Besucher/-innen eines Webshops zum Beispiel dazu verleiten soll, weiterzulesen oder weiterzuklicken.

A Sortimentsbewirtschaftung und Vertragsanbahnung

Teaser in Webshops sind häufig sogenannte _____. Diese _____ stellen die Artikel eines Webshops dar. Sie enthalten unterschiedliche Informationen wie Produktname, Produktbild, Preis usw.

Damit die Besucher/-innen eines Webshops zu Käufer/-innen werden, ist es wichtig, dass sie über die _____ schnell und bequem zum Wunschprodukt finden.

Wissen Besucher/-innen des Webshops genau, was sie suchen, werden sie wahrscheinlich nicht den Weg über verschiedene Produktkategorieseiten wählen. Stattdessen werden sie die _____ auf der Startseite nutzen.

Kennen die Kundinnen und Kunden das Unternehmen bisher noch nicht, werden sie in vielen Fällen vorsichtig oder skeptisch sein. Vor diesem Hintergrund helfen _____ dem Webshop, bei Kundinnen und Kunden einen seriösen Eindruck zu hinterlassen.

Eine _____ zeigt Besucherinnen und Besuchern eines Webshops eine Auswahl der verfügbaren Produkte an, wenn diese auf eine Kategorie klicken.

_____ sind für die Kundschaft einfach zu bedienende Instrumente, die die Auswahl der angezeigten Artikel nach ihren Vorgaben einschränken. Mithilfe weniger Klicks sollen die zukünftigen Käufer/-innen das Sortiment einer Kategorieseite schnell auf ihre Bedürfnisse begrenzen können.

Häufig enthält eine Produktkategorienseite so viele Produkte, dass eine Aufteilung der Inhalte auf mehrere Seiten sinnvoll sein kann. Diesen Vorgang nennt man _____.

Eine _____ ist die Internetseite eines Webshops, die Kundinnen und Kunden aufgrund eines besonderen Interesses von einer Suchmaschine oder einer Anzeige aus besucht.

Waren- oder Dienstleistungssortiment mitgestalten und online bewirtschaften

Die eigentliche Verkaufsseite eines Webshops ist die _____. Die Kundinnen und Kunden bekommen hier alle Informationen, die sie benötigen, um sich für den Kauf eines Artikels zu entscheiden.

Aufgabe 2
Auch das Layout der Seiten, auf den Produktdaten dargestellt werden, kann entscheidend für erfolgreiche Umsätze sein.
Ordnen Sie die Begriffe a) bis h) den Sachverhalten 1 bis 8 richtig zu.

a) responsives Webdesign
b) ähnliche Artikel, die sie sich angesehen haben
c) zuletzt angesehen
d) Body
e) neue Artikel
f) Topseller
g) Header
h) Footer

(1) Webshops stellen damit ihre häufig verkauften Artikel in den Vordergrund. ☐

(2) Am Ende einer Startseite wird der Kundschaft gezeigt, welche Produkte sie sich beim letzten Besuch des Webshops angeschaut hat. ☐

(3) Diese Art der Produktbox kann Kundinnen und Kunden helfen, die bei ihren letzten Besuchen kein für sich geeignetes Produkt gefunden haben. ☐

(4) Zur Information der Kundschaft werden Produkte vorgestellt, die gerade neu in das Sortiment aufgenommen wurden. ☐

(5) oberer Teil einer Internetseite ☐

(6) Inhaltsbereich einer Internetseite ☐

(7) unterer Teil einer Internetseite ☐

(8) Der grafische Aufbau einer Seite ändert sich abhängig vom verwendeten Endgerät. ☐

A Sortimentsbewirtschaftung und Vertragsanbahnung

Aufgabe 3

Beschreiben Sie zwei Elemente einer Landingpage und erklären Sie die jeweilige Funktion.

Aufgabe 4

Sind die folgenden Fällen zur Produktbeschreibung auf der Produktdetailseite kommunikationsfördernd (1) oder störend (2)?

a) Aussagen, die den Kontakt zu Kundinnen und Kunden erleichtern oder verbessern ☐

b) Äußerungen auf einer Internetseite, die einen potenziellen Käufer negativ beeinflussen ☐

c) „Dieses Label garantiert Ihnen ..." ☐

d) „Greifen Sie sofort zu, sonst ...!" ☐

e) „Das Gerät hilft Ihnen ..." ☐

f) „Sie sparen beim Kauf dieses Artikels 12,00 € im Vergleich zu ..." ☐

g) „Wenn Sie heute nicht zugreifen, dann ...!" ☐

Aufgabe 5

Welche Beschreibung trifft auf Live-Shopping zu?

(1) Live-Shopping fällt nicht unter Rundfunkregulierung, sondern unter den Mediendienste-Staatsvertrag, da es über Social Media-Streams gestreamt wird.

(2) Live-Shopping findet vor einem Live-Publikum im Studio statt und wird anschließend über Social Media-Portale zum Download angeboten.

(3) Live-Shopping ist vor allem für einfache Basic-Produkte geeignet, da der Schwerpunkt auf dem Verkauf großer Mengen liegt und weniger auf umfangreicher Erklärung.

(4) Exklusivität des Angebots und die verkäuferischen Fähigkeiten der Präsentatoren sind entscheidend für den Erfolg von Live-Shopping.

(5) Live-Shopping erfordert keine aufwändige Logistikvorbereitung, da der Moderator bei ausverkauften Produkten einfach ein anderes Produkt vorstellen kann.

Aufgabe 6
Welche Beschreibung trifft auf die Nutzwertanalyse zu?

(1) Die Nutzwertanalyse kann Sachverhalte nicht in Geldwert quantifizieren.
(2) Die Nutzwertanalyse dient dazu, den Nutzen eines Produkts aus Sicht des Kunden zu bewerten.
(3) Die Nutzwertanalyse ist der quantitative Teil des Angebotsvergleichs.
(4) Die Nutzwertanalyse beurteilt die qualitativen Kriterien einer Kaufentscheidung.
(5) Die Nutzwertanalyse wird zur Unterstützung der Kundengewinnung verwendet.

2 Arten von Produktdaten

Aufgabe 7
Warum spielen Daten eine große Rolle beim Sortimentsaufbau?

Aufgabe 8
Erläutern Sie den Begriff „Produktdaten".

Aufgabe 9
In welchen Formen können Produktdaten in einem Webshop genutzt werden?

Aufgabe 10
Erläutern Sie die Begriffe:
a) Marketingdaten
b) Logistikdaten

Aufgabe 11
Wodurch unterscheiden sich Stamm- und Bewegungsdaten?

A Sortimentsbewirtschaftung und Vertragsanbahnung

Aufgabe 12

Erläutern Sie die folgenden Begriffe in Bezug auf Artikel eines Webshops.
a) Stammdaten
b) Bewegungsdaten

Aufgabe 13

Welche der folgenden Aussagen sind richtig (r) und welche falsch (f)?

(1) Unter Stammdatenmanagement versteht man die Verwaltung von Stammdaten unter besonderer Berücksichtigung der Optimierung der Datenqualität.

(2) Unter einer Dublette wird die Datenkonsistenz verstanden.

(3) Artikelzugänge sind Stammdaten.

(4) Artikelnummern sind Stammdaten.

(5) Zahlungseingänge auf Konten sind Bewegungsdaten.

(6) Datenkonsistenz ist die Korrektheit von Daten innerhalb eines Datenbanksystems.

(7) Die voranschreitende Digitalisierung zwingt Unternehmen dazu, Bestände an Stammdaten möglichst effizient zu nutzen.

(8) Die eindeutige Benennung von Namen und Merkmalen von Daten ist wichtiger Bestandteil des Stammdatenmanagements.

(9) Ziel der Datensicherung ist der Schutz der Daten vor Missbrauch, Zerstörung oder Verlust.

(10) Der Schutz der personenbezogenen Daten natürlicher und juristischer Personen ist in der Datenschutzgrundverordnung verankert.

(11) Ziel des Datenschutzes ist der Schutz der Privatsphäre.

Instrumente zur Förderung des Verkaufs

Aufgabe 14
Erklären Sie die folgenden Begriffe.
a) Produktinformationssystem
b) elektronischer Katalog
c) Content-Management-System

Aufgabe 15
Führen Sie mindestens vier Arten von Daten auf, die in einem Produktinformationsmanagementsystem gespeichert und abrufbar sind.

3 Produktklassifikationen und Produktkategorien

Aufgabe 16
Was versteht man unter Produktkategorien und wozu dienen sie in einen Webshop?

Aufgabe 17
Welche Arten von Produktkategorisierung gibt es?

Aufgabe 18
Was sind Produktmerkmale?

Aufgabe 19
Was sind Produktklassifikationsstandards?

4 Instrumente zur Förderung des Verkaufs

Aufgabe 20
Den Kundinnen und Kunden muss vom Webshop der Zugang zu den von ihnen gesuchten und gewünschten Artikeln erleichtert werden. Deshalb muss das Shopsystem die folgenden Funktionen aufweisen. Erläutern Sie die Begriffe:
a) Suchfunktion
b) Filterfunktion
c) Sortierfunktion
d) Paginierung

Aufgabe 21

Führen Sie mindestens drei Maßnahmen auf, die den Verkauf von Produkten in einem Webshop fördern.

Aufgabe 22

Erläutern Sie die Rolle des Rankings für Webshops.

Aufgabe 23

Führen Sie kurz Maßnahmen zur Verbesserung des Rankings auf.

5 Rechtliche Regelungen

Aufgabe 24

Lösen Sie die folgenden Aufgaben zum Impressum:
a) Was müssen Betreiber von Internetseiten, die der Anbieterkennzeichnungspflicht unterliegen, angeben?
b) Was fällt unter die Pflicht der Anbieterkennzeichnung?
c) Welche Bedingungen muss ein Impressum erfüllen?

Aufgabe 25

Was fällt unter die Pflicht zur Anbieterkennzeichnung?

(1) Vor- und Nachname
(2) Provider
(3) vollständige Postanschrift
(4) E-Mail-Adresse
(5) eine weitere Kontaktmöglichkeit
(6) Geburtsdatum
(7) ggf. entsprechende Zulassungsbehörde

Aufgabe 26

Lösen Sie den folgenden Test zur Haftung von Internetseiten und kreuzen Sie die richtige Antwort an.

a) Diese Art Link mit der deutschen Bezeichnung „Oberflächenverknüpfung" verweist auf die Startseite einer externen Website.

   (1) Frames/Inline frames
   (2) Hot Links
   (3) Surface Links
   (4) Deep Links

b) Diese Techniken werden häufig verwendet, um Werbung oder Inhalte anderer Anbieter in eine Webseite einzubinden.

   (1) Hot Links
   (2) Frames/Inline frames
   (3) Surface Links
   (4) Deep Links

c) Sie werden oft auch tiefe Verknüpfungen genannt. Nach dem Anklicken kommt man auf eine Unterseite der externen Website.

   (1) Deep Links
   (2) Hot Links
   (3) Surface Links
   (4) Frames/Inline frames

d) Über einen solchen Link bekommen die Benutzer/-innen der Internetseite externe Inhalte zur Ansicht. Dabei wird die fremde Herkunft dieser Information für sie nicht ersichtlich.

   (1) Frames/Inline frames
   (2) Deep Links
   (3) Surface Links
   (4) Hot Links

e) Wenn man bei der Erstellung eigener Internetseiten fremdes Material verwendet, muss man die Regeln des Urheberrechts beachten. Diese sind vor allem im Urheberrechtsgesetz (UrhG) festgelegt.

   (1) wahr
   (2) falsch

f) Kreuzen Sie die zutreffende Antwort an. Das Urheberrecht schützt vor allem die folgenden Materialien:

   (1) Filmwerke
   (2) spontane Ideen
   (3) Lichtbildwerke
   (4) Musikwerke
   (5) amtliche Werke
   (6) wissenschaftliche Erkenntnisse
   (7) Sprachwerke

g) Zu den Sprachwerken zählen:

   (1) Reden
   (2) Liedtexte
   (3) Software
   (4) Texte

h) Zu den Musikwerken zählen:

   (1) Noten
   (2) Melodien
   (3) Software
   (4) Liedtexte

i) Zu den Lichtbildwerken zählen:

   (1) Videos
   (2) Fotos
   (3) Filme

Rechtliche Regelungen

j) Zu den Filmwerken zählen:

   (1) Videos
   (2) Melodien
   (3) Filme
   (4) Fotos
   (5) Software

k) Stimmt die nachfolgende Aussage? Möchte man auf seiner eigenen Website fremdes Material verwenden, reicht es, den Urheber/die Urheberin zu nennen und ggf. auf die Quelle zu verlinken.

   (1) wahr
   (2) falsch

l) Stimmt die nachfolgende Aussage? Für die Nutzung eines fremden Werkes ist das Einverständnis des Urhebers/der Urheberin zwingend notwendig.

   (1) wahr
   (2) falsch

m) Fremdes Material darf zu privaten Zwecken unter folgenden Bedingungen kopiert werden: Die Vervielfältigung darf in keiner Weise einem Erwerbszweck dienen. Zudem darf die Kopie nicht weiterverbreitet oder anderen öffentlich zugänglich gemacht werden. Auch darf nicht gegen Gesetze verstoßen werden.

   (1) wahr
   (2) falsch

Aufgabe 27

Führen Sie auf, welche speziellen rechtlichen Regelungen (neben dem normalen Fernabsatzrecht) von Webshops beim Verkauf besondere Produkte beachtet werden müssen.

Aufgabe 28

Warum wurden vom Gesetzgeber eine Reihe von Vorschriften zur Regelung des Wettbewerbs in der Wirtschaft erlassen?

Aufgabe 29

Wo kann man gesetzliche Vorschriften zur Regelung des Wettbewerbs finden?

Aufgabe 30

Was versteht man unter unlauterem Wettbewerb?

Aufgabe 31

Erläutern Sie die Preisangabenverordnung (PAngV).

Aufgabe 32

Was versteht man unter den folgenden Begriffen des Datenschutzes?

a) Zutrittskontrolle
b) Zugangskontrolle
c) Zugriffskontrolle
d) Weitergabekontrolle
e) Eingabekontrolle
f) Auftragskontrolle
g) Verfügbarkeitskontrolle
h) Trennungsgebot

Aufgabe 33

Erläutern Sie die Begriffe:

a) Bedeutung des Datenschutzes
b) Aufgabe des Datenschutzes
c) Bedeutung des Begriffs „personenbezogene Daten"
d) Rechte der Betroffenen
e) Pflichten der Datenverarbeiter

6 Serviceleistungen

Aufgabe 34

Führen Sie mindestens drei mögliche Serviceleistungen eines Webshops auf.

Serviceleistungen

Aufgabe 35
Wodurch unterscheiden sich Cross-Selling und Up-Selling?

Aufgabe 36
Lösen Sie die folgende Aufgaben zum Cross- und Up-Selling, indem Sie die zutreffenden Antworten ankreuzen.

a) Welche Vorteile bietet das Anbieten von Ergänzungsartikeln?

   (1) Die Ergänzungsartikel bringen mehr Nutzen für die Kundschaft.

   (2) Als Ergänzungsartikel werden nur notwendige Zusatzartikel genannt.

   (3) Die Kundschaft erkennt, dass der Verkäufer/die Verkäuferin sich für ihre Probleme interessiert.

   (4) Die Ergänzungsangebote steigern Umsatz und Gewinn.

b) Was sind Beispiele für Cross-Selling?

   (1) Für eine Kamera werden zusätzlich passende Akkus angeboten.

   (2) Beim Kauf eines Laptops wird ein gleichwertiger oder besserer Laptop zu einem höheren Preis vorgeschlagen.

   (3) Beim Kauf eines Fernsehers wird ein HDMI-Kabel angeboten.

   (4) Es werden verschiedene Kaffeesorten zum Kauf einer Kaffeemaschine vorgestellt.

c) Was sind Beispiele für Up-Selling)

   (1) Zu einem DVD-Brenner werden DVD-Rohlinge vorgeschlagen.

   (2) Beim Kauf eines Fernsehers wird ein hochwertigerer Fernseher vorgestellt.

   (3) Neben einem Einsteiger-Smartphone wird ein neues, teureres Smartphone angeboten.

   (4) Beim Kauf einer Gitarre werden Gitarren-Saiten angeboten.

d) Was sollte beim Up- und Cross-Selling beachtet werden?

(1) Die für das Cross-Selling oder Up-Selling vorgesehenen Artikel sollten direkt unter dem Bild und/oder der Beschreibung des eigentlich vorgestellten Artikels gezeigt werden oder alternativ neben dem eigentlichen Produktbild.

(2) Die vorgestellten Artikel sollten auch zum eigentlichen Produkt passen.

(3) Möglichst nur die teuersten Artikel vorstellen.

(4) Um zu verhindern, dass Käufer von der Produktdetailseite abgelenkt werden, kann mit JavaScript-Layern gearbeitet werden.

e) Was sollte außerdem noch beim Up- und Cross-Selling beachtet werden?

(1) Webshops mit großem Sortiment sollten ihre Up- und Cross-Selling-Produkte in Gruppen einteilen, damit die Kundinnen und Kunden nicht die Übersicht verlieren.

(2) Das Anbieten von Vergleichsfunktionen kann sich sehr positiv auswirken, da es den Kundinnen und Kunden eine bessere Übersicht gibt.

(3) Stellt man im Zuge einer Up-Selling-Strategie teurere Artikel vor, sollte man deutlich die Gründe für die höheren Preise aufführen.

(4) Pop-up-Fenster, die auf Artikel hinweisen, die mit dem gerade betrachteten Produkt nichts zu tun haben.

7 Zahlungsverkehr

Aufgabe 37
Was versteht man unter Barzahlung?

Aufgabe 38
Führen Sie Funktion und Bestandteile einer Quittung auf.

Aufgabe 39
Unterscheiden Sie Dauerauftrag und Lastschriftverfahren als Sonderformen der bargeldlosen Zahlung.

Aufgabe 40
Führen Sie die traditionellen Zahlungsarten auf, die es schon vor dem Aufkommen des E-Commerce gab.

Aufgabe 41
Erläutern Sie die Zahlungsart von Anbietern wie Amazon-, Apple- und GooglePay.

Aufgabe 42
Erläutern Sie das Factoring.

8 Zusammenstellung des Sortiments

Aufgabe 43
Was versteht man unter einem Sortiment?

Aufgabe 44
Unterscheiden Sie Sortimentsbreite und Sortimentstiefe.

Aufgabe 45
Führen Sie Maßnahmen auf, mit denen ein Onlineshop für die Sortimentsbildung relevante Informationen über die Nachfrage bekommen kann.

Aufgabe 46
Welche Marktstrategien gibt es?

Aufgabe 47
Erläutern Sie, was Marktfeldstrategien sind und erläutern Sie kurz die Arten.

Aufgabe 48
Unterscheiden Sie Massenmarktstrategie und Marktsegmentierungsstrategie im Rahmen der Marktparzellierung.

A   Sortimentsbewirtschaftung und Vertragsanbahnung

Aufgabe 49
Erläutern Sie die folgenden Begriffe.
a) Kernsortiment
b) Randsortiment
c) NOS-Artikel

Aufgabe 50
Geben Sie Informationsquellen an, mit deren Hilfe sich das Unternehmen Informationen über in das Sortiment neu aufzunehmende Artikel holen kann.

9 Die Struktur von Bestellungen

Aufgabe 51
Beschreiben Sie, was man unter den folgenden Begriffen versteht:
a) Einpöster
b) Single Liner
c) Mehrpöster

Aufgabe 52
Erläutern Sie die Sendungsteilung.

10 Beschaffungsrelevante Absatzzahlen

Aufgabe 53
Führen Sie einige Absatzkennzahlen auf, die zur Unterstützung der Beschaffung herangezogen werden können.

11 Die Produktbeschreibung auf der Produktdetailseite

Aufgabe 54
Der Abschluss vieler Kaufverträge in einem Webshop hängt von der Qualität der Produktbeschreibungen auf den Produktdetailseiten ab.

Die Produktbeschreibung auf der Produktdetailseite

Ergänzen Sie den Text zur Produktbeschreibung auf der Produktdetailseite um die folgenden Begriffe:

> Formatierungen – Listen – Registerkarten – Symbole – 150 – Zwischenüberschriften

Eine Produktbeschreibung sollte aus bis max. _____ Wörtern bestehen.

Über Reiter, die oft auch _____ genannt werden, können unterschiedliche Textblöcke aufgerufen werden. Mithilfe von Reitern kann die Produktbeschreibung in mehrere kürzere Abschnitte unterteilt werden.

_____ gliedern sehr lange und massiv wirkende Texte.

Statt Informationen in Fließtext unterzubringen, können diese auch durch _____ schnell erfassbar gemacht werden.

Lange und massive Texte können durch _____ gelockert werden.

An der richtigen Stelle im Text untergebracht, können _____ den Text einer Produktbeschreibung sinnvoll ergänzen.

Aufgabe 55

Der Auswahl eines Artikels auf der Produktdetailseite kommt eine immense Bedeutung zu. Erläutern Sie in diesem Zusammenhang die folgenden Begriffe:

a) Auswahlhilfen
b) Ergänzungsartikel
c) Hilfen zur Größenermittlung
d) Cross-Selling
e) Buy Box
f) Alternativprodukte
g) Layer
h) Symbole und Infoblöcke

12 Der Checkout-Prozess

Aufgabe 56

Beantworten Sie die folgenden Fragen zur Anmeldung bzw. Registrierung durch den Kunden.

a) Sollte es die Möglichkeit geben, sich als Gast anzumelden?

   (1) ja
   (2) nein

b) Bei den Passwort-Vorgaben, wenn die Kundin oder der Kunde ein Passwort wählt, sollte man ...

   (1) immer ein möglichst langes und kompliziertes Passwort von der Kundin/dem Kunden verlangen.
   (2) gut abwägen, wie sinnvoll eine bestimmte Länge und Kompliziertheit für die Kundschaft und den Webshop ist.
   (3) immer ein möglichst kurzes und einfaches Passwort verlangen.
   (4) für die Kundin/den Kunden leicht nachvollziehbare Passwörter wie z. B. „Passwort" verlangen.

c) Man sollte so viele Informationen wie möglich abfragen, da ein Kunde gerne alles über sich preisgibt.

   (1) wahr
   (2) falsch

d) Die Eingaben der Kundin/des Kunden sollten schon während des Eingebens automatisch auf Plausibilität überprüft werden.

   (1) wahr
   (2) falsch

e) Werden in den Pflichtfeldern durch die Kundin/den Kunden keine Angaben gemacht, muss sie/er darauf sofort hingewiesen werden.

   (1) wahr
   (2) falsch

f) Bei jedem Feld sollte untersucht werden, ob die Eingabe der Kundin/des Kunden Sinn ergibt.

    (1) wahr
    (2) falsch

g) Wie kann ein Unternehmen sicherstellen, alle für die Geschäftsabwicklung erforderlichen Angaben von der Kundschaft zu erhalten?

    (1) Leer gelassene Felder mit einem roten Hintergrund oder einem roten Ausrufezeichen markieren.
    (2) Positives Feedback durch grünen Hintergrund oder grünen Haken bei richtiger Eingabe.
    (3) Angaben nur in einer Bestätigungs-Mail erneut abfragen lassen.
    (4) Fehlermeldung, wenn die Eingabe keinen Sinn ergibt

Aufgabe 57

Lösen Sie die folgenden Aufgaben zum Warenkorb:

a) Folgende Elemente muss ein Warenkorb mindestens haben:

    (1) einen Download-Button für die AGB
    (2) eine Übersicht über die ausgewählten Artikel
    (3) eine Fortschrittsanzeige
    (4) einen Tragegriff

b) Der Call-to-Action-Button ermöglicht es der Kundschaft, ein Onlinetelefonat mit dem Kundenservice zu beginnen.

    (1) wahr
    (2) falsch

c) Das Ziel eines Call-to-Action-Buttons ist, dass die Besucher/-innen des Webshops eine gewünschte und benötigte Aktion ausführen. Die potenzielle Kundschaft wird aufgefordert, eine bestimmte Handlung durchzuführen.

    (1) wahr
    (2) falsch

A Sortimentsbewirtschaftung und Vertragsanbahnung

d) Die sogenannte Fortschrittsanzeige informiert den potenziellen Käufer über die Abfolge der weiteren Schritte bis zum Ende des Kaufvorgangs.

   (1) wahr
   (2) falsch

e) Welche Daten kann der Kunde unter anderem der Artikelauflistung im Warenkorb entnehmen?

   (1) die jeweiligen Artikelnummern
   (2) Qualitätssiegel
   (3) Lieferbarkeit der Artikel
   (4) Information über Umtauschregelungen
   (5) Einzelpreis des Artikels
   (6) die jeweils ausgewählte Variante des Artikels

f) Ausschließlich bei der Angabe der einzelnen Artikelpreise ist die Preisangabenverordnung zu beachten. Danach können die angegebenen Preise Gesamtpreise sein.

   (1) wahr
   (2) falsch

g) Ein gemischter Warenkorb liegt vor, wenn die im Warenkorb enthaltenen Artikel verschiedenen Umsatzsteuersätzen unterliegen.

   (1) wahr
   (2) falsch

h) Welches Element gehört nicht zu einem Warenkorb?

   (1) Fortschrittsanzeige
   (2) Impressum
   (3) Artikelauflistung
   (4) Angabe der normalen Versandkosten

Aufgabe 58

Bringen Sie die Elemente in die richtige Reihenfolge.

(1) Auswahl der Zahlungsart

(2) Abschluss des Kaufvertrages unter Beachtung bestimmter rechtlicher Vorgaben ☐

(3) die Ansicht des Warenkorbs (Artikelauflistungl) ☐

(4) Dank an die Kundinnen und Kunden ☐

(5) Auswahl des Versandwegs ☐

(6) Bekanntgabe des voraussichtlichen Liefertermins ☐

(7) Angabe des Gesamtpreises ☐

Aufgabe 59

Ergänzen Sie den folgenden Text zum Abschluss des Checkout-Prozesses um die Begriffe:

> Kosten – allgemeine – Gesamtpreis – gesetzlichen – Übersichtsseite – Verkaufsabwicklung – Waren – Widerrufsrecht

Auf der _____ werden der Kundin/dem Kunden die Angaben, die sie/er während der _____ vorgenommen hat, noch einmal übersichtlich dargestellt. Sie/er soll alle gewählten Optionen auf einen Blick erfassen können.

Die _____ Regelungen sehen vor, dass die Kundin/der Kunde der Übersichtsseite die folgenden Pflichtangaben entnehmen kann:

→ die ausgewählten _____ oder Dienstleistungen

→ die wesentlichen Merkmale der Waren oder Dienstleistungen

→ den _____

→ Hinweis auf weitere _____

→ die Angaben zum _____

→ und soweit vorhanden die Hinweise zu den allgemeinen Geschäftsbedingungen

Die Kundschaft gibt eine _____ Willenserklärung zum Abschluss eines Kaufvertrages ab, wenn sie ihre Kaufabsicht deutlich äußert.

Sortimentsbewirtschaftung und Vertragsanbahnung

Dazu bietet ihr der Webshop die Möglichkeit einer Schaltfläche (Button) mit einer entsprechenden eindeutigen Beschriftung.

Aufgabe 60
Führen Sie einige Maßnahmen für die benutzerfreundliche Gestaltung des Checkout-Prozesses auf.

Aufgabe 61
Was versteht man unter dem Prinzip der Datensparsamkeit?

Aufgabe 62
Wo liegt der Unterschied für Unternehmen und Käufer/-innen zwischen der Möglichkeit eines Gastzuganges oder eines Kundenkontos?

Aufgabe 63
Führen Sie Maßnahmen des Risikomanagements auf.

Aufgabe 64
Welche weiteren Lieferwege gibt es neben der Zustellung von Waren über Post oder Paketdienste?

Aufgabe 65
Erläutern Sie kurz, welche Arten von Kundendaten es gibt und wie diese gewonnen werden können.

Aufgabe 66
Unterscheiden Sie den One Page Checkout vom Multistep-Checkout und führen jeweils einen Vorteil und einen Nachteil des jeweiligen Checkout-Verfahrens auf.

Aufgabe 67
Geben Sie die Bedeutung der GTIN an und erläutern deren Zusammensetzung.

Aufgabe 68
Erläutern Sie das Supply Chain Management.

13 Der Abschluss von Verträgen

Aufgabe 69
Was sind Rechtsgeschäfte?

Aufgabe 70
Unterscheiden Sie einseitige von mehrseitigen Rechtsgeschäften.

Aufgabe 71
Die Rechtsgültigkeit von Rechtsgeschäften kann eingeschränkt werden, wenn Gründe für die Anfechtung oder Nichtigkeit vorliegen. Bitte bearbeiten Sie die folgenden Punkte zu diesem Sachverhalt.

a) Welche Auswirkung hat die Nichtigkeit einer Willenserklärung für die Gültigkeit eines Rechtsgeschäfts?
b) Nennen Sie Gründe für die Nichtigkeit von Willenserklärungen.
c) Welche Auswirkungen hat die Anfechtbarkeit einer Willenserklärung für die Gültigkeit eines Rechtsgeschäfts?
d) Nennen Sie Gründe für die Anfechtung von Willenserklärungen.

Aufgabe 72
Beurteilen Sie folgende Fälle im Hinblick auf die rechtlichen Folgen.

a) Eine Ware, die 198,00 € kostet, wird irrtümlich mit 189,00 € angeboten.
b) Ein Kunsthändler verkauft die Kopie eines Bildes als Original.
c) Der sechzehnjährige Frank Schrader kommt stolz mit einem Motorrad nach Hause. Er hat es für 1 250,00 € gekauft. Den Kaufpreis will er in zehn Raten abbezahlen. Sein Vater ist nicht so begeistert und verlangt, dass er das Motorrad zurückbringt.
d) Eine Druckereibesitzerin schließt den Kauf eines Grundstücks mündlich ab.
e) Ein Großhändler verrechnet sich bei der Ermittlung des Verkaufspreises für eine Ware. Irrtümlich berechnet er 28,50 € anstatt 32,60 €.
f) Der Kaufpreis ihres Hauses war doppelt so hoch wie der durch ein späteres Gutachten ermittelte Wert.

Aufgabe 73
§ 1 BGB regelt die Rechtsfähigkeit. Welche der folgenden Aussagen ist richtig?

(1) Wer rechtsfähig ist, ist auch volljährig.
(2) Wer rechtsfähig ist, ist auch geschäftsfähig.
(3) Jeder Mensch kann ohne Einschränkungen Verträge abschließen.
(4) Jeder Mensch ist Träger von Rechten und Pflichten.
(5) Nur Rechtsanwältinnen und Rechtsanwälte sowie Notare/ Notarinnen sind rechtsfähig

Aufgabe 74

Vervollständigen Sie den Satz: Die Rechtsfähigkeit des Menschen beginnt mit ...

(1) Vollendung der Geburt.
(2) 7 Jahren.
(3) 18 Jahren.
(4) 16 Jahren.
(5) 6 Jahren.

Aufgabe 75

Vervollständigen Sie den Satz: Die Rechtsfähigkeit natürlicher Personen endet mit ...

(1) der Aberkennung der bürgerlichen Ehrenrechte.
(2) der Entmündigung aufgrund von psychischen Störungen.
(3) der Anordnung einer Pflegschaft aufgrund sehr hohen Alters.
(4) dem Tod.
(5) Betreten eines Gerichts.

Aufgabe 76

Welche der folgenden Definitionen zur „Geschäftsfähigkeit" ist richtig?

(1) Fähigkeit einer Person, Träger von Rechten und Pflichten zu sein
(2) Fähigkeit einer Person, Rechtsgeschäfte rechtswirksam abzuschließen
(3) Fähigkeit einer Person, rechtsgültige Kreditgeschäfte abzuschließen
(4) Fähigkeit einer Person, gewerbsmäßig die Lagerung von fremden Gütern zu übernehmen
(5) Fähigkeit einer Person, die Versendung von Gütern durch Frachtführer zu besorgen

Aufgabe 77

Erläutern Sie, was ein Eigentumsvorbehalt ist und führen Sie drei Arten des Eigentumsvorbehalts auf.

Aufgabe 78

Unterscheiden Sie:
a) Anfrage
b) Anpreisung
c) Angebot

14 Erfüllungsort und Gerichtsstand

Aufgabe 79
Was ist ein Erfüllungsort?

Aufgabe 80
Erläutern Sie die gesetzliche Regelung für den Erfüllungsort.

Aufgabe 81
Was ist ein vertraglicher Erfüllungsort?

Aufgabe 82
Führen Sie kurz die Bedeutung des Begriffs „Gerichtsstand" an.

Aufgabe 83

Die Center Großhandels GmbH (Köln) hat wiederholt von einem Industriebetrieb in Hamburg Lederwaren mit großer Verzögerung erhalten. Diesmal ist sie so verärgert, dass sie eine Klage auf Schadenersatz in Höhe von 1 200,00 € erwägt. Zu Erfüllungsort und Gerichtsstand wurden keine Vereinbarungen getroffen.

Welche Antwort ist richtig?

(1) Zuständig wäre auf jeden Fall ein Gericht in Köln, weil der Center Großhandels GmbH der Weg bis zum Hamburger Gericht nicht zumutbar wäre, zumal allein der Industriebetrieb Lieferverzögerungen verschuldet hat.
(2) Zuständig wäre ein Gericht in Hamburg, weil der Verkäufer dem Käufer die ordnungsgemäße Lieferung schuldet. Deshalb ist der Erfüllungsort für die Warenlieferung der Wohn- und Geschäftssitz des Verkäufers.
(3) Bei der Höhe des Streitwerts wäre das Landgericht am Gerichtsstand zuständig.

15 Kaufvertragsarten

Aufgabe 84

Erläutern Sie die folgenden Kaufvertragsarten.

a) Kauf auf Probe
b) Kauf nach Probe
c) Kauf zur Probe
d) Gattungskauf
e) Stückkauf
f) Terminkauf
g) Fixkauf
h) Kauf auf Abruf
i) Kauf gegen Anzahlung
j) Bestimmungskauf
k) Zielkauf

Aufgabe 85

Ordnen Sie die jeweiligen Fälle a) bis e) den Kaufvertragsarten 1 bis 3 zu:

a) Der 20-jährige Azubi kauft einen Gebrauchtwagen beim Händler.

b) Der Unternehmer kauft für seine Tochter eine Filmkamera im Einkaufszentrum beim Fotohändler.

c) Uwe Otte benötigt einen A3-Drucker. Sein Onkel veräußert ihm seinen kürzlich erworbenen Drucker.

d) Ein Einzelhandelskaufmann schließt mit seinem Freund einen Kaufvertrag über zwei Handbälle ab.

e) Eine Großhandlung verkauft Spanplatten an einen Tischler.

(1) bürgerlicher Kauf
(2) einseitiger Handelskauf
(3) zweiseitiger Handelskauf

Aufgabe 86

Die Jansen KG kauft bei einem Industrieunternehmen zunächst lediglich eine geringe Menge, um sie zu testen. Um welche Kaufvertragsart handelt es sich?

(1) Kauf auf Probe

(2) Kauf nach Probe
(3) Kauf zur Probe
(4) Gattungskauf
(5) Stückkauf

16 Die Allgemeinen Geschäftsbedingungen

Aufgabe 87
Was sind AGB (Allgemeine Geschäftsbedingungen)?

Aufgabe 88
Wozu dienen die AGB?

Aufgabe 89
Führen Sie kurz Bestimmungen des AGB-Gesetzes auf.

Aufgabe 90
Beantworten Sie die folgenden Fragen zu den AGB.

a) Welche Aussage über die AGB ist **falsch**?

   (1) vorformulierte Vertragsbedingungen
   (2) gibt es nur für Branchen
   (3) Klauseln werden im Einzelnen nicht ausgehandelt.
   (4) werden einer Vertragspartei von einer anderen Vertragspartei einseitig gestellt

b) Welche Aussage über die AGB ist richtig?

   (1) stärken die Stellung der Käuferinnen und Käufer
   (2) schränken die Vertragspflichten der Verkäuferinnen und Verkäufer ein
   (3) vergrößern das Risiko der Verkäuferinnen und Verkäufer
   (4) stärken die Rechte der Käuferinnen und Käufer

c) Wer soll durch das AGB-Gesetz geschützt werden?

   (1) Kundschaft
   (2) Verkäufer/-innen

A Sortimentsbewirtschaftung und Vertragsanbahnung

   (3) Lieferanten
   (4) Verbraucher/-innen

d) Was sind keine Inhalte der AGB?

   (1) Gewährleistungsansprüche
   (2) Gefahrenübergang
   (3) Namen der Kundinnen und Kunden
   (4) Erfüllungsort

e) Wann gelten die AGB nicht?

   (1) Die Verkäuferin/der Verkäufer weist ausdrücklich auf diese hin.
   (2) Die AGB sind nur mit einer Lupe zu lesen.
   (3) die Käuferin/der Käufer stimmt den AGB zu.
   (4) Die AGB sind für die Käuferin/den Käufer leicht erreichbar.

f) Was ist oberster Grundsatz des AGB-Gesetzes?

   (1) Kundinnen und Kunden müssen freundlich bedient werden.
   (2) Verbraucher/-innen müssen immer einen Rabatt eingeräumt bekommen.
   (3) Die Verbraucher/-innen dürfen nicht unangemessen benachteiligt werden.
   (4) Verbraucher/-innen müssen Ware immer umtauschen dürfen.

g) In den AGB steht, dass mit dem Kauf einer Ware gleichzeitig eine andere Ware gekauft werden muss. Warum ist diese Klausel ungültig?

   (1) Persönliche Absprachen haben Vorrang vor den AGB.
   (2) AGB dürfen keine „überraschenden" Klauseln enthalten.
   (3) Es liegt eine nachträgliche Preiserhöhung vor.
   (4) Die gesetzliche Gewährleistungsfrist wurde verkürzt.

h) Im Verkaufsgespräch einigt man sich auf 2 % Skonto. Die AGB des Kaufvertrages enthalten jedoch die Formulierung „zahlbar sofort ohne Abzug". Warum ist diese Klausel ungültig?

   (1) Persönliche Absprachen haben Vorrang vor den AGB.
   (2) AGB dürfen keine „überraschenden" Klauseln enthalten.

- (3) Es liegt eine nachträgliche Preiserhöhung vor.
- (4) Die gesetzliche Gewährleistungsfrist wurde verkürzt.

i) In den AGB steht die Klausel: „Wir behalten uns jederzeit Preiserhöhungen vor." Warum ist diese Klausel ungültig?

- (1) Persönliche Absprachen haben Vorrang vor den AGB.
- (2) AGB dürfen keine „überraschenden" Klauseln enthalten.
- (3) Es liegt eine nachträgliche Preiserhöhung vor.
- (4) Die gesetzliche Gewährleistungsfrist wurde verkürzt.

j) In den AGB steht die Klausel: „Die Gewährleistungsfrist beträgt vier Monate." Warum ist diese Klausel ungültig?

- (1) Persönliche Absprachen haben Vorrang vor den AGB.
- (2) AGB dürfen keine „überraschenden" Klauseln enthalten.
- (3) Es liegt eine nachträgliche Preiserhöhung vor.
- (4) Die gesetzliche Gewährleistungsfrist wurde verkürzt.

17 Fernabsatzrecht

Aufgabe 91
Erläutern Sie das gesetzliche Widerrufsrecht.

Aufgabe 92
Wozu dient ein Disclaimer?

Aufgabe 93
Wie können die Kundinnen und Kunden über das Zustandekommen des Vertrages in einem Webshop informiert werden?

Aufgabe 94
Was versteht man unter einer Bestätigung durch Leistungserfüllung?

Aufgabe 95
Führen Sie Störfaktoren der Datenübermittlung für die Vertragserfüllung in Webshops auf.

18 Datenschutz und Datensicherheit

Aufgabe 96
Im Checkout-Prozess müssen Webshops ihrer Kundschaft über die Verarbeitung personenbezogener Daten informieren.
a) Wie nennt man diese Maßnahme?
b) Auf welche rechtlichen Grundlagen ist diese Maßnahme zurückzuführen?

Aufgabe 97
Erläutern Sie kurz das Auskunftsrecht von Kundinnen und Kunden nach der Datenschutzgrundverordnung?

Aufgabe 98
Führen Sie mindestens drei Rechte von Betroffenen nach der Datenschutzgrundverordnung bzw. dem Bundesdatenschutzgesetz auf.

Aufgabe 99
Führen Sie Gebote des Datenschutzes auf, die sowohl für den Datenschutz als auch für die Datensicherheit relevant sind.

Aufgabe 100
Erläutern Sie die folgenden Verfahren für die Datensicherheit.
a) programmtechnische Verfahren
b) technische Verfahren
c) organisatorische Verfahren

Aufgabe 101
Erläutern Sie den Begriff „2-Faktor-Authentifizierung".

19 Grafische Darstellung von Produkten

Aufgabe 102
Bei der Vertragsanbahnung spielen auch die auf den einzelnen Seiten des Webshops verwendeten Fotos eine bedeutende Rolle.

Grafische Darstellung von Produkten

Erläutern Sie in diesem Zusammenhang die Begriffe:

a) Bildschirmauflösung
b) Komprimieren
c) Konvertieren

Aufgabe 103

Erläutern Sie die beiden folgenden Begriffe:

a) Skalierung
b) Vektorgrafik

Aufgabe 104

Nennen Sie jeweils zwei Formate der folgenden Begriffe.

a) normale Bilddateien
b) Vektorgrafiken
c) Videodateien

B

GESCHÄFTSPROZESSE IM E-COMMERCE

1 Online-Vertriebskanäle auswählen und einsetzen

Aufgabe 105

Entscheiden Sie, ob die Aussagen für B2B oder B2C gelten

(1) Verkaufsabschlüsse mit einzelnen Käufern

(2) Kundinnen und Kunden zahlen mit eigenem Geld.

(3) komplexe Produkte und Dienstleistungen

(4) vergleichsweise niedriger Wert pro Verkaufstransaktion

(5) Verkaufsaktionen ziehen sich oft über längeren Zeitraum hin.

(6) Einkäufer/-innen treffen rational begründete Entscheidungen nach vielfältigen Prüfungen.

(7) Auf diesem Markt auftretende Händler haben relativ wenige Kundinnen und Kunden, die allerdings mit hohen Beträgen zum Umsatz beitragen.

(8) Onlinemarketing ist entscheidend für die Absatzförderung.

(9) Verkaufsabschlüsse finden zu normalen Geschäftszeiten statt.

(10) Die meisten Kundinnen und Kunden sind Stammkundinnen und Stammkunden. Es gibt wenig Neukundschaft.

Online-Vertriebskanäle auswählen und einsetzen

(11) Webshops werden meist nur kurz von wechselnden Interessentinnen/Interessenten besucht.

(12) Auch wenn Preisdifferenzierungen im B2C auch schon anzutreffen sind, gilt hier für einen Großteil der Angebote, dass Kundinnen und Kunden die gleichen Preise sehen.

Aufgabe 106

Führen Sie verschiedene Onlinevertriebskanäle auf.

Aufgabe 107

Bei Ihrer Überprüfung der Kennzahlenerreichung ist aufgefallen, dass der durchschnittliche Warenkorbwert in allen mobilen Vertriebskanälen im Vergleich zum herkömmlichen Onlineshop und dem Verkauf in Filialen geringer ausfällt. Beschreiben Sie hierfür zwei mögliche Ursachen.

Aufgabe 108

Was bedeuten die folgenden Kriterien zur Beurteilung von Webshops oder Shopsoftware?

a) Angemessenheit
b) Sicherheit
c) Interoperabilität
d) Konformität
e) Ordnungsmäßigkeit
f) Richtigkeit

Aufgabe 109

Beantworten Sie die folgenden Fragen.

a) Unter der Usability eines Webshops versteht man:
   (1) die Rentabilität
   (2) die Verkaufsgeschwindigkeit
   (3) die Benutzerfreundlichkeit
   (4) die Fehlertoleranz

B Geschäftsprozesse im E-Commerce

b) Wählen Sie den richtigen Bestandteil der Funktionalität aus. Kann die Software mit anderen vorgegebenen Computersystemen bzw. Programmen zusammenarbeiten und -wirken?

   (1) Richtigkeit
   (2) Interoperabilität
   (3) Sicherheit
   (4) Erwartungskonformität

c) Wählen Sie den richtigen Bestandteil der Funktionalität aus. Hält die Software anwendungsspezifische Normen oder Vereinbarungen ein?

   (1) Ordnungsmäßigkeit
   (2) Interoperabilität
   (3) Angemessenheit
   (4) Usability

d) Wählen Sie den richtigen Bestandteil der Funktionalität aus. Umfasst das Programm geeignete Funktionen für spezielle Aufgaben?

   (1) Angemessenheit
   (2) Konformität
   (3) Interoperabilität
   (4) Usability

e) Wählen Sie den richtigen Bestandteil der Funktionalität aus. Werden richtige Ergebnisse geliefert bzw. richtige Wirkungen erzielt?

   (1) Ordnungsmäßigkeit
   (2) Sicherheit
   (3) Richtigkeit
   (4) Steuerbarkeit

f) Wählen Sie den richtigen Bestandteil der Funktionalität aus. Verhindert die Software unberechtigte (sowohl vorsätzliche als auch versehentliche) Zugriffe auf Daten und Programmteile?

   (1) Angemessenheit

- (2) Sicherheit
- (3) Ordnungsmäßigkeit
- (4) Usability

g) Wählen Sie den richtigen Bestandteil der Funktionalität aus. Hält das Softwareprodukt Standards, Konventionen oder gesetzliche Bestimmungen (im Hinblick auf die Funktonalität) ein?

- (1) Sicherheit
- (2) Richtigkeit
- (3) Konformität
- (4) Usability

h) Welche zwei Arten der Ergonomie gibt es im Zusammenhang mit der Usability?

- (1) Hardwareergonomie
- (2) Shopwareergonomie
- (3) Malwareergonomie
- (4) Softwareergonomie

i) Wählen Sie den richtigen softwareergonomischen Grundsatz aus. Die Anwenderinnen und Anwender können Dialoge optimal so beeinflussen, dass das gewünschte Ziel erreicht wird.

- (1) Lernförderlichkeit
- (2) Selbstbeschreibungsfähigkeit
- (3) Steuerbarkeit
- (4) Rentabilität

j) Wählen Sie den richtigen softwareergonomischen Grundsatz aus. Einstellungen in dem Programm bzw. im Output der Programme sollten personenabhängig eingestellt und gespeichert werden können. Die Kommunikation zwischen Programm und den Anwenderinnen und Anwendern sowie die Darstellung der Informationen sollten an die individuellen Fähigkeiten und Bedürfnisse angepasst werden können.

- (1) Individualisierbarkeit
- (2) Aufgabenangemessenheit

(3) Fehlertoleranz
(4) Rentabilität

k) Wählen Sie den richtigen softwareergonomischen Grundsatz aus. Die Anordnung von Informationen und die Bedeutung von Symbolen sollten den Erwartungen der Anwenderinnen und Anwendern entsprechen. Die Benutzerinnen und Benutzer sollten davon ausgehen können, dass das Programm die Kenntnisse ihres Arbeitsgebietes und ihre Erfahrung widerspiegelt. Wichtig ist als weiteres Beispiel, dass Funktionstasten in allen Menüs und Masken gleichartig verwendet werden.

(1) Lernförderlichkeit
(2) Erwartungskonformität
(3) Steuerbarkeit
(4) Rentabilität

l) Wählen Sie den richtigen softwareergonomischen Grundsatz aus. Die Software soll die Arbeitsschritte zur Erledigung der beabsichtigten Aufgabe genau abbilden. Die Funktionen des Programms basieren auf charakteristischen Eigenschaften der Arbeitsaufgabe.

(1) Selbstbeschreibungsfähigkeit
(2) Aufgabenangemessenheit
(3) Ordnungsmäßigkeit
(4) Liquidität

m) Wählen Sie den richtigen softwareergonomischen Grundsatz aus. Die Software sollte so gestaltet sein, dass die Anwender/-innen die Nutzung des Programms leicht lernen können. Erreicht werden kann dies zum Beispiel durch durchgängige Konzepte bei der Strukturierung von Bedienungsschritten, Dialogen, Funktionen und Menüpunkten.

(1) Lernförderlichkeit
(2) Sicherheit
(3) Steuerbarkeit
(4) Rentabilität

Online-Vertriebskanäle auswählen und einsetzen

n) Wählen Sie den richtigen softwareergonomischen Grundsatz aus. Mit allen programmiertechnischen Möglichkeiten sollte ein Programm helfen, Fehler zu vermeiden. Es sollte Plausibilitätskontrollen und vor allem auch Korrekturmöglichkeiten anbieten. Das beabsichtigte Arbeitsergebnis sollte auch im Falle fehlerhafter Eingaben mit nur geringem Korrekturaufwand erreicht werden.

   (1) Angemessenheit
   (2) Richtigkeit
   (3) Fehlertoleranz
   (4) Liquidität

o) Wählen Sie den richtigen softwareergonomischen Grundsatz aus. Alle Texte im Shop (aber auch in der Software für die Mitarbeiter und Mitarbeiterinnen, mit der das Shopsystem gehandelt wird) sind sofort verständlich. Sie sind selbsterklärend. Die Anwender/-innen wissen zu jeder Zeit, wo sie sich in einem Programm oder Dialog befinden. Ihnen ist auch klar, welche Handlungen sie nun unternehmen können.

   (1) Lernförderlichkeit
   (2) Erwartungskonformität
   (3) Selbstbeschreibungsfähigkeit
   (4) Sicherheit

Aufgabe 110

Ein ganz wichtiger Vertriebskanal im E-Commerce sind Marktplätze. Was versteht man in diesem Zusammenhang unter den folgenden Begriffen?

a) geschlossener Marktplatz
b) offener Marktplatz
c) horizontale Märkte
d) vertikale Marktplätze
e) statischer Marktplatz
f) dynamischer Markt
g) Händlerplattformen
h) Käuferplattformen
i) neutrale Marktplätze

B Geschäftsprozesse im E-Commerce

j) Electronic Procurement
k) Geschäftsbesorgungsvertrag
l) Geschäftsbesorgung
m) selbstständige Tätigkeit
n) wirtschaftliche Tätigkeit
o) in fremdem Interesse

Aufgabe 111

Beantworten Sie die folgenden Fragen zu Marktplätzen.

a) Was trifft zu?
   Der Hersteller oder Händler bietet für andere Händler eine Plattform an.

   (1) Händlerplattformen
   (2) neutrale Marktplätze
   (3) Käuferplattformen
   (4) B2B-Marktplätze

b) Was trifft zu?
   Neutrale Dritte bieten eine Plattform an, auf der Hersteller und Händler Produkte anbieten und Käufer/-innen diese erwerben können.

   (1) Käuferplattformen
   (2) Händlerplattformen
   (3) neutrale Marktplätze
   (4) Verbrauchermarkt

c) Was trifft zu?
   Händler und Hersteller bieten für Endkundinnen und Endkunden Waren oder Dienstleistungen an.

   (1) Käuferplattformen
   (2) Händlerplattformen
   (3) neutrale Marktplätze
   (4) B2B-Marktplätze

d) Was sind die Vorteile von elektronischen Marktplätzen?

   (1) Technische Komponenten unterliegen der Aufsicht des Betreibers der Plattform.

- (2) Auch unbekannte Unternehmen können erfolgreich Produkte verkaufen und weniger eigene Werbung ist notwendig.
- (3) Es gelten die Regeln des Marktplatzes.
- (4) Neue Märkte können schnell, einfach und ohne großes Risiko getestet werden.

e) Was sind die Instrumente des Onlinemarketing, die von elektronischen Marktplätzen angeboten werden?

- (1) SOA
- (2) Displaywerbung
- (3) SEA
- (4) SEO

f) Welche Aussage trifft auf Marktplätze zu?

- (1) Es gibt immer nur einen Vertrag.
- (2) Es gibt immer mehrere Verträge.
- (3) Vorherrschende Vertragsart ist der Pachtvertrag.
- (4) Die Verträge bei Marktplätzen nennt man E-Procurement.

g) Was ist **keine** Leistung von Onlinemarktplätzen für Händler?

- (1) Marketing
- (2) Abwicklung von Zahlungen
- (3) Angebot von Serviceleistungen
- (4) Personalbeschaffung

h) Was ist **kein** Vorteil von elektronischen Marktplätzen?

- (1) Es gelten die Regeln des Marktplatzes.
- (2) Händler hat geringen Aufwand und geringes Risiko.
- (3) schneller Test neuer Märkte
- (4) Auswahl an Produkten für die Käufer/-innen steigt.

Aufgabe 112

Ergänzen Sie den Text zum Local Commerce um die folgenden Begriffe:

B Geschäftsprozesse im E-Commerce

> Bring- oder Abhol-Service – Informationsplätze – Kunden – Kundenfreundlichkeit – Marktplatz – nicht virtuellen – Onlinehandel – regionaler – ROPO-Effekt – Show Rooming – überregionaler – Verknüpfung – Versandweg – Warenangebot – Wir-Gefühls

Im Gegensatz zu normalen Onlinemarktplätzen bietet ein _____ Onlinemarktplatz im Normalfall nur ein lokal verfügbares Angebot von Produkten und Dienstleistungen in einem regional begrenzten Raum an. Ein _____ Verkauf ist normalerweise nicht vorgesehen. Dies liegt zum Teil auch daran, dass der regionale Onlinemarktplatz von potenziellen Kundinnen und Kunden außerhalb des Einzugsgebiets oft nicht wahrgenommen wird.

Bei regionalen Marktplätzen ist der _____ besonders oft anzutreffen. Die Abkürzung steht für „Research online, purchase offline". Dies ist also der Einkauf im stationären Handel, nachdem der Kunde sich im Internet informiert hat. Den gegenteiligen Effekt nennt man _____. Kundinnen und Kunden informieren sich in stationären Ladengeschäften, um anschließend online einzukaufen.

Durch die Präsenz der örtlichen Behörden auf diesen Plattformen ist es für sie möglich, ihre _____ zu steigern und Behördengänge zu vereinfachen bzw. für manche Angelegenheiten komplett zu ersetzen. Dies stellt einen Vorteil sowohl für die Bürgerinnen und Bürger als auch für die Behörde (z. B. Gemeindeverwaltung) dar. Die Betreiber der regionalen Marktplätze können örtliche Verbände, das Marketingbüro der Kommune, Gemeinde, Stadt usw. oder auch private Anbieter sein. Ein weiterer Vorteil dieser Plattformen ist es, dass sie _____ dienen. Beispielsweise ist es leicht und einfach möglich, Veranstaltungen zu bewerben sowie deren Termine zu veröffentlichen und Bürger innen und Bürger über sonstige Ereignisse zu informieren. Außerdem können sich die Kundinnen und Kunden nach Öffnungszeiten, _____, Anreiseweg und sonstigen Services der teilnehmenden Händler informieren.

Wichtig bei den regionalen Marktplätzen ist die _____ von Online- und Offlinekäufen. So ist es zum Beispiel sinnvoll, in verschiedenen Regionen einen _____ für die angebotenen Waren anzubieten sowie diese klassisch auf dem _____ zum Kunden zu schicken. Hintergrund der Idee ist, dass Innenstädte wiederbelebt und potenzielle Käufer/-innen in die _____ Verkaufsstraßen gebracht werden.

Da die Konkurrenz im _____ sehr groß ist, müssen die regionalen Marktplätze für die _____ attraktiv gemacht werden. So stärken verschiedene Aktionen wie die Möglichkeit, „Marktpunkte" zu sammeln und in Prämien umzutauschen oder sonstige Maßnahmen die _____. Auch durch das Erzeugen eines _____ in der Art etwa wie *„Wir kaufen in unserer Region und für unsere Region!"* kann die Kundenbindung erreicht werden. Natürlich sind diese Maßnahmen mit Kosten und immer neuen Ideen verbunden, die von den Händlern getragen bzw. gefunden werden müssen. Um jedoch die Regionen und gerade den Einzelhandel auch in wirtschaftlich schwächeren Gegenden bzw. Gegenden mit vielen älteren Menschen zu stärken, bietet sich ein regionaler _____ an.

Aufgabe 113

Ergänzen Sie den Text zu Auktionen um die folgenden Begriffe:

Auktionsprinzips – Bieter – dynamische – Englische Auktion – Höchstgrenze – Höchstpreis – Höchstpreisauktion – Holländische Auktion – Mindestpreis – nicht – Onlineauktionen – schnell – Second Price Sealed Bid – verdeckte Auktion – verderblichen – zweithöchsten

---

Auktionen zählen zu der Form des _____ Marktplatzes. _____ sind Auktionen, die über das Internet veranstaltet werden. Nach Abschluss einer Auktion zahlt der erfolgreiche _____ in der Regel per Nachnahme oder Überweisung. Die Ware wird dann an die Kundschaft versendet. In einigen Fällen zahlt der Bieter auch bar bei Abholung.

Innerhalb des _____ werden diverse Unterscheidungen vorgenommen. Je nachdem, was die Verkäufer/-innen erreichen und welche Produkte sie verkaufen möchten, werden diese Modelle eingesetzt.

→ **Klassische Auktion** (auch _____ genannt)

Ein Produkt oder eine Dienstleistung wird zu einem _____ (Startpreis) innerhalb eines bestimmten Zeitraums angeboten. Die Käufer/-innen geben für das gewünschte Produkt Gebote ab und der Höchstbietende erhält nach dem Ablauf der Zeit den Zuschlag. Die klassische Auktion ist geeignet für verschiedene Produkte und Dienstleistungen, bei denen der Preis im Vorfeld nicht zuverlässig bestimmt werden kann.

→ _____ (Top-Down-Auktion)

Ein Produkt wird zu einem festgelegten _____ angeboten. Die Käufer/-innen können innerhalb eines festgelegten Zeitraums Preisvorschläge in bestellten Intervallen nach unten unterbreiten. Der Bieter, der den Preis, den die Verkäufer/-innen als Mindestpreis für das Produkt festgelegt haben, bietet, erhält den Zuschlag. Die Holländische Auktion ist geeignet für Produkte, die _____ veräußert werden sollen, ggf. auch aufgrund von Wertverlust, wie bei _____ Waren, Restposten (auch bei Reisen oder Tickets).

→ **Höchstpreisauktion** (_____)

Ein Produkt, eine Immobilie oder eine Dienstleistung wird zu einem vorher festgelegten Mindestpreis angeboten und die Bieter geben Gebote ab. Der Unterschied zur klassischen Auktion besteht darin, dass die Bieter _____ wissen, welchen Preis die anderen Bieter als Gebot abgegeben haben. Ziel dieser Auktion ist es, einen möglichst hohen Preis zu erzielen und die Bieter an ihre „_____" in Bezug auf das abgegebene Gebot zu treiben. Diese Art der Auktion ist geeignet für Produkte, _____ oder Dienstleistungen, bei denen der Mindestpreis möglichst die Kosten deckt und eine Gewinnmaximierung angestrebt wird.

→ **Vickrey-Auktion** (_____)

Diese ähnelt der _____. Die Gebote werden ebenfalls verdeckt abgegeben und der/die Höchstbietende bzw. Tiefstbietende (je nach Angebotsform) erhält den Zuschlag. Allerdings muss nur der Preis des _____ bzw. zweitniedrigsten Gebotes gezahlt werden. Sie ist geeignet für Produkte, bei denen der Preis schwer einzuschätzen ist, deren Verkauf aber einen möglichst hohen Gewinn bringen soll.

Meist werden Produkte in Auktionen mit dem Ziel des „Verkaufs" angeboten. Hierbei handelt es sich vorwiegend um Produkte, deren Preis schwer abzuschätzen ist, oder um Restbestände, die abverkauft werden sollen.

Aufgabe 114

Erläutern Sie die folgenden Begriffe, die im Zusammenhang stehen mit dem Kontakt zu Kundinnen und Kunden über verschiedene Vertriebswege im Internet.

a) Webshop
b) Verkaufsplattform (B2B-Marktplatz)
c) Onlinebranchenbücher
d) Auktionsplattformen
e) Subshops
f) SEA
g) E-Mail-Marketing
h) virales Marketing
i) SEO

j) Affiliate Marketing
k) Social Media Marketing

2 Kennzahlen zur Auswertung des Nutzerverhaltens

Aufgabe 115
Was versteht man unter ROI und ROAS?

Aufgabe 116
Ein von einem Unternehmen eingesetztes Marketinginstrument kostet 3 000,00 €. Dadurch entsteht ein zusätzlicher Umsatz von 30 000,00 €. Berechnen Sie die Kosten-Umsatz-Relation und erläutern Sie diese Kennzahl.

Aufgabe 117
Erläutern Sie die folgenden Begriffe.
a) Cost per Click
b) Cost per Sale (CPS)
c) CPM

Aufgabe 118
Was bedeutet Conversion?

Aufgabe 119
Führen Sie Beispiele für Conversions auf.

Aufgabe 120
Was versteht man unter der Conversion Rate (Konversionsrate)?

Aufgabe 121
Von 5 000 Besuchern eines Webshops schließen 450 einen Kaufvertrag ab. Wie groß ist die Konversionsrate?

Aufgabe 122
Was wird in einem Webshop als normale Konversionsrate angesehen?

Aufgabe 123

Führen Sie Elemente auf, die in einem Webshop die Konversationsrate beeinflussen können.

Aufgabe 124

Unterscheiden Sie die Begriffe Makro-Conversion und Mikro-Conversion.

Aufgabe 125

Wozu dienen Analyseprogramme wie zum Beispiel Google Analytics?

Aufgabe 126

Was versteht man unter der Bounce Rate?

Aufgabe 127

Wodurch unterscheidet sich die Bounce Rate von der Exit Rate?

3 Benutzerfreundliche Prozessabläufe

Aufgabe 128

Erläutern Sie den Begriff „Customer Journey".

Aufgabe 129

Ordnen Sie die Phasen der Customer Journey in die richtige Reihenfolge.

(1) Awareness
(2) Retention
(3) Consideration
(4) Purchase
(5) Advocacy

Aufgabe 130

Unter den vielfältigen Ansätzen im Online-Marketing finden sich verschiedene Abrechnungsmodelle. Erläutern Sie kurz die nachfolgend aufgeführten Modelle und geben Sie die entsprechenden Abkürzungen in ausgeschriebener Form an:

a) CPC
b) CPM

B Geschäftsprozesse im E-Commerce

c) CPA
d) CPL
e) CPO
f) CPV

Aufgabe 131
Erläutern Sie den Begriff Touchpoint.

Aufgabe 132
Welche Bedeutung haben Modelle der Attribution?

Aufgabe 133
Was versteht man unter dem „Conversion Funnel"?

Aufgabe 134
Ordnen Sie die Schritte des Funnels in die richtige Reihenfolge. Beginnen Sie mit Pre-Awareness.

(1) Pre-Awareness
(2) Awareness
(3) Retention
(4) Loyalty
(5) Consideration
(6) Preference
(7) Purchase/Conversion

Aufgabe 135
Was sind Customer Experience Systeme?

Aufgabe 136
UX-Design. Was bedeutet dieser Begriff?

Aufgabe 137
Erläutern Sie den Begriff User Interface Design (UI)?

Aufgabe 138
Was versteht man unter Usability?

Aufgabe 139
Führen Sie Beispiele für Marketingdaten auf.

Aufgabe 140
Was sind Logistikdaten?

4 Rahmenbedingungen

Aufgabe 141
Sind die folgenden Aussagen richtig (r) oder falsch (f)?

(1) Unter Stammdatenmanagement versteht man die Verwaltung von Stammdaten unter besonderer Berücksichtigung der Optimierung der Datenqualität.

(2) Unter einer Dublette wird die Datenkonsistenz verstanden.

(3) Artikelzugänge sind Stammdaten.

(4) Artikelnummern sind Stammdaten.

(5) Zahlungseingänge auf Konten sind Bewegungsdaten

(6) Datenkonsistenz ist die Korrektheit von Daten innerhalb eines Datenbanksystems.

(7) Die voranschreitende Digitalisierung zwingt Unternehmen dazu, Bestände an Stammdaten möglichst effizient zu nutzen.

(8) Die eindeutige Benennung von Namen und Merkmalen von Daten ist wichtiger Bestandteil des Stammdatenmanagements.

(9) Ziel der Datensicherung ist der Schutz der Daten vor Missbrauch, Zerstörung oder Verlust.

(10) Der Schutz der personenbezogenen Daten natürlicher und juristischer Personen ist in der Datenschutzgrundverordnung verankert.

(11) Ziel des Datenschutzes ist der Schutz der Privatsphäre.

B Geschäftsprozesse im E-Commerce

Aufgabe 142
Was ist ein Datenfeed?

Aufgabe 143
Datenfeeds und Produktdatenoptimierungen haben eine große Bedeutung für Webshops. Erläutern Sie die damit in Zusammenhang stehenden Begriffe:
a) Anreichern der Daten mit kaufrelevanten Attributen
b) Anlegen virtueller Produktkategorien
c) Schaffen von Konsistenz
d) Verwenden alternativer Suchbegriffe
e) Normalisierung
f) Matching

Aufgabe 144
Ergänzen Sie den folgenden Text zu Schnittstellen um die Begriffe:

Import- und Exportfunktionen – Kommandos – Kommunikation – Programmierschnittstelle – Schnittstellenprogrammierung – Softwareschnittstellen – Webshops – Wettbewerbsvorteil

Im Rahmen der – zum Teil globalen – Lieferketten sind viele hunderttausende EDV-Anwendungen miteinander verbunden. Dies wird ermöglicht über _____, über die jedes Programm verfügt.

Mit Softwareschnittstellen kommunizieren verschiedene unterschiedliche Programme oder Programmteile miteinander. Hier werden zum Beispiel Daten oder _____ ausgetauscht. Ein anderer Begriff für die Softwareschnittstellen ist _____.

International am bekanntesten ist die Abkürzung API (Application Programming Interface). Eine API ist eine programmtechnische Lösung, durch die unterschiedliche Anwendungen miteinander kommunizieren können.

Webshops profitieren durch _____ von erweiterten Funktionen ihrer Software. Falls eine Schnittstelle für ein anderes Programm angeboten wird, lässt sich auf diese Weise der Nutzen der ursprünglichen Software erhöhen.

Viele Softwareprodukte bieten darüber hinaus _____.
Dies ermöglicht den Austausch von Daten zwischen unterschiedlicher Software. Das Programmieren und Entwickeln von Zusatzprogrammen für die Kommunikation der Softwareprodukte untereinander nennt man Schnittstellenprogrammierung.

Viele Webdienste, _____, Produktportale und generell Webseiten bieten APIs an, um die Anbindung verschiedenster Daten an die eigene Webseite zu ermöglichen. Eine besondere Form von APIs sind also Webschnittstellen. Diese ermöglichen die _____ verschiedener Webanwendungen. Mit diesen werden Daten ausgetauscht und auf entfernten Computern Funktionen aufgerufen.

Das Shopsystem arbeitet beim Vorhandensein einer Webschnittstelle mit den Daten anderer Programme, ohne dass diese extra mühselig noch einmal eingegeben werden müssen.

Das Angebot einer gut dokumentierten Programmierschnittstelle (API) kann im E-Commerce-Bereich einen erheblichen _____ darstellen. Eine solche API, die vom Anbieter einer Software zur Verfügung gestellt wird, ermöglicht es anderen Programmanbietern, leicht Software für dieses System zu erstellen.

Aufgabe 145
Was versteht man unter dem Begriff API?

Aufgabe 146
Beantworten Sie die folgenden Fragen zu ERP-Systemen und Warenwirtschaftssystemen.

B Geschäftsprozesse im E-Commerce

a) Was ist die Warenwirtschaft?

   (1) eine besondere Form einer Gastwirtschaft
   (2) der Kernbereich der Ware in einem Unternehmen
   (3) die Arbeit mit Warenkonten der Buchführung
   (4) ein anderes Wort für das Lager

b) Der gesamte Warenfluss wird von einer EDV-Anlage erfasst, gesteuert und kontrolliert. Welche Art Warenwirtschaftssystem liegt vor?

   (1) manuelles Warenwirtschaftssystem
   (2) EDV-gestütztes Warenwirtschaftssystem
   (3) integriertes Warenwirtschaftssystem
   (4) Gastwirtschaftssystem

c) Welche zwei Aufgaben haben Warenwirtschaftssysteme?

   (1) Sie bilden den Warenfluss in einem Betrieb ab.
   (2) Sie automatisieren das Rechnungswesen.
   (3) Sie stellen Informationen aus dem Bereich der Warenwirtschaft bereit.
   (4) Sie stellen Gastwirtschaften Waren zur Verfügung.

d) Was versteht man unter dem Zielkonflikt der Warenwirtschaft?

   (1) hoher Lieferservice/hohe Bestände
   (2) hoher Lieferservice/niedrige Bestände
   (3) niedriger Lieferservice/hohe Bestände
   (4) niedriger Lieferservice/niedrige Bestände

e) Informationen über Warenbewegungen liegen in Form von Belegen vor. Welche Art Warenwirtschaftssystem liegt vor?

   (1) manuelles Warenwirtschaftssystem
   (2) EDV-gestütztes Warenwirtschaftssystem
   (3) integriertes Warenwirtschaftssystem
   (4) Gastwirtschaftssystem

f) Welche Aufgaben umfasst der Warenwirtschaftsbereich eines Unternehmens?

   (1) Beschaffung, Lagerung, Rechnungswesen
   (2) Beschaffung, Lagerung, Absatz
   (3) Beschaffung, Marketing, Absatz
   (4) Beschaffung, Lagerung, ERP

g) Eingebunden sind auch andere Warenwirtschaftssysteme z. B. der Lieferanten. Welche Art Warenwirtschaftssystem liegt vor?

   (1) manuelles Warenwirtschaftssystem
   (2) EDV-gestütztes Warenwirtschaftssystem
   (3) integriertes Warenwirtschaftssystem
   (4) Gastwirtschaftssystem

h) Was sind ERP-Systeme?

   (1) Systeme, die den Warenfluss in einem Betrieb abbilden
   (2) Systeme für die Finanzbuchführung
   (3) Systeme, die die Geschäftsprozesse des Unternehmens abbilden
   (4) Systeme für das Personalwesen

i) Was ist ein Nachteil eines ERP-Systems?

   (1) erhöhte Informationsqualität
   (2) Überall stehen aktuelle Bestände zur Verfügung.
   (3) Vermeidung der Mehrfacherfassung von Daten
   (4) Komplexität

j) Was ist ein Vorteil eines ERP-Systems?

   (1) Abhängigkeit vom Hersteller
   (2) hohe Komplexität
   (3) einfache Bedienung durch Einheitlichkeit der Benutzeroberflächen
   (4) hoher Aufwand bei der Anpassung an die Bedürfnisse des Kunden

k) Welche Aussage zu ERP-Systemen ist falsch?
   (1) Das auf die einzelnen Funktionsbereiche bezogene unternehmerische Handeln verliert an Bedeutung.
   (2) Die Prozesse werden nicht mehr isoliert, sondern über alle Funktionsbereiche hinweg erfasst.
   (3) 2 % der deutschen Unternehmen setzen ERP-Systeme ein.
   (4) Der Trend geht zu web-basierten ERP Systemen.

Aufgabe 147

In Warenwirtschaftssystemen geht es auch um Beschaffungsprozesse. Beantworten Sie die folgenden Fragen zur Bezugsquellenermittlung.

a) Was versteht man unter Bezugsquellenermittlung?
b) Welche Informationsquellen dienen der Auswahl von Erstlieferern?
c) Welche Informationen enthält eine Bezugsquellendatei?
d) Welche Kriterien müssen herangezogen werden, wenn ein Artikel von mehreren Lieferern bezogen werden kann?

5 Projektorientierte Arbeitsorganisation

Aufgabe 148

Was ist kein Merkmal eines Projekts?

(1) Zusammenarbeit von Spezialisten
(2) Das Projekt ist zeitlich begrenzt.
(3) einmaliges Vorhaben
(4) Durch genaue Planung und Organisation kommt es immer zur Planerfüllung.
(5) Risikominderung durch rechtzeitige Absprachen

Aufgabe 149

Was ist eine Phase eines Projekts?

(1) Meilenstein
(2) Kick-off-Sitzung
(3) Dokumentation
(4) Projektabschluss
(5) Netzplanung

Projektorientierte Arbeitsorganisation

Aufgabe 150

Was ist die Phase in einem Projekt, in der die Projektarbeit inhaltlich und terminlich genau strukturiert wird?

(1) Projektstart
(2) Projektplanung
(3) Projektdurchführung
(4) Projektabschluss
(5) Nullphase

Aufgabe 151

Die Kick-off-Sitzung ist die erste gemeinsame Sitzung des Projektteams nach der Erteilung des Projektauftrages.

Was wird hier **nicht** besprochen bzw. festgelegt?

(1) Vereinbarung von Spielregeln
(2) Zusammenstellung des Projektteams
(3) Herstellen eines gleichen Informationsstandes
(4) Kennenlernen der Projektmitglieder
(5) Verteilung von Aufgaben

Aufgabe 152

Was kennzeichnet den Begriff „Meilenstein"?

(1) eine einfach zu erstellende Terminplanung von Arbeitspaketen
(2) wesentliches Zwischenziel in einem Projekt
(3) den Projektstart
(4) Präsentation des Projektergebnisses
(5) Projektidee

Aufgabe 153

Was versteht man unter der Nullphase?

(1) Es wird erkannt, dass ein Problem vorliegt, dieses Problem soll mithilfe eines Projektes gelöst werden.
(2) Die Nullphase ist der Punkt, an dem das Projekt beendet ist.
(3) Die Nullphase kennzeichnet den Zeitpunkt, an dem alle Projektmitglieder vor einem scheinbar unlösbaren Problem stehen und keiner sprichwörtlich „null Plan" hat.
(4) Die Nullphase ist der Punkt, an dem das Projekt beginnt.
(5) Es wird erkannt, dass während des Projekts keine Probleme auftauchen dürften (null Problem).

Aufgabe 154

Was kennzeichnet der Pfeil in einem Netzplan?

(1) Der Pfeil zeigt die Beziehung zwischen Vorgänger und Nachfolger an.
(2) Der Pfeil markiert in der Darstellung die Stelle des kritischen Weges, wo die meisten Probleme auftauchen könnten.
(3) Der Pfeil gibt an, wann jeder einzelne Vorgang jeweils beginnen kann.
(4) Der Pfeil informiert, wann der Vorgang frühestens beendet sein kann.
(5) Der Pfeil informiert, welche Gruppe für diesen Arbeitsbereich zuständig ist.

Aufgabe 155

Wie berechnet sich der früheste Endzeitpunkt (FEZ) in einem Netzplan?

(1) SAZ − FAZ = FEZ
(2) FAZ + FEZ − SAZ = FEZ
(3) FAZ + Dauer des Vorgangs = FEZ
(4) Dauer des Vorgangs − SEZ = FEZ
(5) FAZ − SAZ + (Dauer des Vorgangs + SEZ) = FEZ

Aufgabe 156

Erläutern Sie die folgenden Begriffe.

a) Lastenheft
b) Agilität
c) Scrum

Aufgabe 157

Erläutern Sie die folgenden Begriffe.

a) specific (spezifisch)
b) measurable (messbar)
c) achievable (angemessen und aktiv erreichbar)
d) realistic (realistisch)
e) timely oder time-bound (terminiert)

Aufgabe 158

Vervollständigen Sie die Sätze zur Projektplanung.

Projektorientierte Arbeitsorganisation

> Arbeitspaketen – Kostenkalkulation – Planung – Projektstrukturplan – Qualitätsplanung – Reihenfolge – Ressourcenplanung – strukturiert – Visualisierung – Zeit

Innerhalb der Phase „Projektplanung" wird die Projektarbeit inhaltlich und terminlich genau _____.

Die Projekt Planungsphase erfolgt idealtypisch in mehreren Schritten.

Zunächst einmal versucht man, einen Überblick über die im Projekt zu erledigenden Aufgaben zu gewinnen. Diese Phase beginnt mit dem Erkennen und Beschreiben von _____. Dies sind abgrenzbare Aufgaben, die nicht weiter sinnvoll unterteilt werden können.

Anschließend wird ein _____ erstellt. Dieser unterteilt das Projekt visuell in einzelne Blöcke, die für das Projektteam verständlich sind. Das Projekt wird, ausgehend von der Projektaufgabe, in Teilprojekte und Arbeitspakete untergliedert.

Steht der Projektstrukturplan, erfolgt im nächsten Schritt die _____ des Projektablaufs. Für jedes einzelne Arbeitspaket wird festgehalten, wie viel _____ das einzelne Arbeitspaket normalerweise verbraucht. Zu ermitteln ist also die Dauer der einzelnen Tätigkeiten, wie die einzelnen Arbeitspakete logisch und zeitlich sinnvoll zusammenhängen. Geklärt wird, in welcher _____ die Arbeitspakete zu erledigen sind.

Um einen besseren Überblick über komplexe Projekte zu bekommen, wird dann das Ergebnis einer Projektablaufplanung in der Regel grafisch dargestellt. Zur _____ des Projektablaufs werden die drei Visualisierungsinstrumente Termintabelle, Balkendiagramm oder Netzplan herangezogen.

Um den mit den visuellen Lösungsmitteln erstellten Projektablauf später erfolgreich durchführen zu können, muss das Projektteam im

Rahmen der _____ überlegen, welche Hilfsmittel dazu noch benötigt werden.

Überprüft wird dann noch im Rahmen der _____, ob es sich überhaupt lohnt, das Projekt durchzuführen. Die Berechnung der Kosten des Projekts dient aber auch dem Controlling des gesamten Projekts.

Abschließend wird in der _____ noch Qualitätsmerkmale festgelegt, um sicherzustellen, dass das Projektergebnis vordefinierten Ansprüchen genügt.

Aufgabe 159

Erläutern Sie die folgenden Begriffe der Projektdurchführung.
a) meilensteinorientierte Fortschrittsmessung
b) Projektstatusbericht
c) Projektdokumentation
d) Projektmanagementsoftware
e) Balanced Scorecard-System
f) Projekt Scorecard

Aufgabe 160

Bearbeiten Sie die folgenden Aufgaben zu den Visualisierungsinstrumenten im Rahmen von Projekten

a) Was ist ein Hilfsmittel zur Visualisierung von Abläufen in Projekten?
   (1) Projektplan
   (2) Balkendiagramm
   (3) Struktogramm
   (4) Mindmap zur Vorstellung der Projektteilnehmer
   (5) PowerPoint Präsentation

b) Was kennzeichnet der Pfeil in einem Netzplan?
   (1) Der Pfeil zeigt die Beziehung zwischen Vorgänger und Nachfolger an.
   (2) Die Darstellung des kritischen Weges, wo die meisten Probleme auftauchen könnten.
   (3) Der Pfeil gibt an, wann jeder einzelne Vorgang jeweils beginnen kann.

(4) Der Pfeil informiert, wann der Vorgang frühestens beendet sein kann.
(5) Der Pfeil informiert, welche Gruppe für diesen Arbeitsbereich zuständig ist.

c) Wie berechnet sich der Früheste Endzeitpunkt FEZ in einem Netzplan?

(1) SAZ – FAZ = FEZ
(2) FAZ + FEZ – SAZ = FEZ
(3) FAZ + Dauer des Vorgangs = FEZ
(4) Dauer des Vorgangs – SEZ = FEZ
(5) FAZ –SAZ + (Dauer des Vorgangs + SEZ) = FEZ

d) Welche Aussage über den kritischen Weg ist falsch?

(1) Hier gilt: SAZ – FAZ = 0
(2) Hier bestehen keine Zeitreserven.
(3) Verbindet man die kritischen Vorgänge, so erhält man den kritischen Weg.
(4) Liegt der kritische Weg des letzten Vorgangs vor, so kennt man auch die gesamte Projektdauer
(5) Entspricht der FAZ dem SAZ, ist der Vorgang kritisch (= es bestehen keine Zeitreserven).

e) Sie sehen hier ein Ausschnitt aus dem Netzplan „Errichtung eines Lagergebäudes". Der Ausschnitt ist jedoch unvollständig. Fügen Sie die fehlenden Zahlen oder Elemente hinzu.

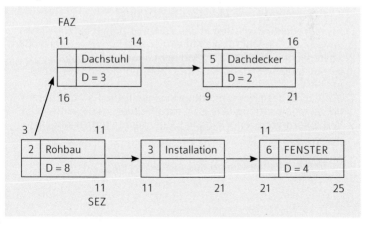

6 Marketing

Aufgabe 161

Was verstehen Sie unter dem Begriff „Marketing"?

(1) Es ist die Umsatzsteigerung durch Werbung.
(2) Es ist die maximale Aufnahmefähigkeit eines Marktes für ein Produkt in einer Periode.
(3) Es ist die Gesamtheit der absatzfördernden Maßnahmen.
(4) Es ist der Anteil eines Unternehmens am Marktvolumen.
(5) Es ist ein Verfahren der Marktforschung.

Aufgabe 162

Welches Merkmal kennzeichnet einen Käufermarkt?

(1) Dies ist ein Markt, auf dem die Nachfragen nach Gütern das Angebot übersteigen.
(2) Die Käufer entscheiden bei dieser Form des Marktes ausschließlich mithilfe von Trendscouts selbst, welches Produkt demnächst auf dem Markt erscheinen soll.
(3) Die Beschaffung von Gütern steht dort im Vordergrund.
(4) Das Angebot an Gütern übersteigt die Nachfrage.
(5) Es herrscht keine große Konkurrenz auf der Anbieterseite.

Aufgabe 163

Welches Ziel verfolgt die Marktsegmentierung?

(1) neue Produkte und Güter in das Warensortiment aufzunehmen, um so das Angebot für die Kundinnen und Kunden zu vergrößern
(2) Kostensenkung durch Kürzung der Löhne und Gehälter
(3) ins Ausland zu expandieren, um größtmöglichen Gewinn zu erzielen
(4) Aufteilung des Gesamtmarktes in einheitliche Käufergruppen, um so eine bestmögliche Marktbearbeitung zu gewährleisten
(5) Verkäufermärkte langfristig in Käufermärkte umzuwandeln

Aufgabe 164

Was versteht man im Marketing unter dem Begriff der 4 Ps?

7 Marktforschung

Aufgabe 165

Welche Eigenschaft trifft auf eine Marktbeobachtung zu?

(1) zukunftsbezogen
(2) zeitraumbezogen
(3) zeitpunktbezogen
(4) absatzbezogen
(5) Keine Alternative ist richtig.

Aufgabe 166

In der Marktforschung unterscheidet man bei der Erschließung von Informationsquellen zwischen Primär- und Sekundärforschung. Bei welcher Maßnahme handelt es sich nicht um eine Sekundärerhebung?

(1) Analyse von Geschäftsberichten der Wettbewerber
(2) Auswertung von Prospekten, Preislisten von Mitbewerbern
(3) Sichtung der Kundenstatistik
(4) Auswertung der Branchenkennzahlen des Großhandelsverbandes
(5) Durchführung von Verbraucherinterviews

8 Produktpolitik

Aufgabe 167

Was bezeichnet der Begriff „Produktlebenszyklus"?

(1) das relative Alter eines Produktes
(2) das durchschnittliche Alter der Konsumenten, die dieses Produkt kaufen
(3) die Familienstruktur der Käufer/-innen, d. h. unverheiratet, verheiratet, verheiratet ohne Kinder, verheiratet mit kleinen Kindern, verheiratet mit älteren Kindern, im Ruhestand, verwitwet
(4) die Feststellung, ob das Produkt in diesem Jahr einen guten Markt finden wird oder nicht
(5) die Absatz- bzw. Umsatzentwicklung eines Produktes über einen variablen Zeitablauf

Aufgabe 168

Was kennzeichnet die Wachstumsphase im Produktlebenszyklus?

(1) hohe Gewinne, die jedoch nur langsam anwachsen
(2) einen durch hohe Werbekosten relativ niedrigen Umsatz
(3) stark steigender Gewinn und Umsatz
(4) das Hauptziel, die Kosten möglichst gering zu halten
(5) die Absetzung kleinerer Stückzahlen

Aufgabe 169

Welche der folgenden Funktionen einer Packung war die ursprüngliche und einzige Aufgabe einer Verpackung?

(1) Informationsfunktion
(2) Rationalisierungsfunktion
(3) Umweltschutzfunktion
(4) Werbe- und Verkaufsförderungsfunktion
(5) Schutz der Ware

Aufgabe 170

Erläutern Sie die folgenden Begriffe des Markenrechts.

a) Bildmarken
b) Wortmarken
c) Zeichenmarken
d) nationale Marke
e) Unionsmarke
f) internationale Marken
g) Kollektivmarke

Aufgabe 171

Was versteht man unter dem Begriff Unique Selling Proposition (USP)?

9 Sortimentspolitik

Aufgabe 172

Welche Definition über Diversifikation ist richtig?

(1) Bei der Diversifikation werden bestimmte Artikel und Sorten aus dem Sortiment gestrichen.
(2) Bei der Diversifikation werden zusätzliche Artikel und Sorten in das Sortiment aufgenommen.

Sortimentspolitik

(3) Diversifikation ist ein Verfahren, um die Sortimentsbreite zu verringern.
(4) Diversifikation ist die Aufnahme von Warengruppen, die mit den bisherigen keine oder nur geringe Verwandtschaft aufweisen.
(5) Diversifikation wird mit den Begriffen „Sortimentsbreite" und „Sortimentstiefe" beschrieben.

Aufgabe 173

Die Martin KG entschließt sich, Sportartikel künftig nicht mehr anzubieten. Wie nennt man diesen Prozess?

(1) Sortimentstiefe
(2) Diversifikation
(3) Sortimentserweiterung
(4) Sortimentsbreite
(5) Sortimentsbereinigung

Aufgabe 174

Die Martin KG nimmt Elektroartikel als neues Produkt in ihr Sortiment auf. Hierbei erfolgt eine Ausweitung des Warenangebotes auf ein Gebiet, auf dem die Martin KG bisher nicht tätig war. Wie wird dieser Prozess genannt?

(1) Produktumgestaltung
(2) Sortimentsbereinigung
(3) Diversifikation
(4) Produktvariation
(5) Kernsortiment

Aufgabe 175

Die Martin KG erweitert ihr Kernsortiment um eine zusätzliche Warengruppe. Was kann hierfür ausschlaggebend sein?

(1) Die Martin KG führt eine Sortimentsbereinigung durch.
(2) Die Martin KG möchte damit die Produktgestaltung erweitern.
(3) Die Martin KG möchte damit die Lagerung der Waren vereinfachen.
(4) Die Martin KG möchte durch die Aufnahme neuer Warengruppen in das Kernsortiment die Stammkundschaft binden und neue Kundinnen und Kunden hinzugewinnen.
(5) Der Martin KG wurde nahegelegt, den Sortimentsumfang zu überdenken.

B Geschäftsprozesse im E-Commerce

10 Preispolitik

Aufgabe 176

Was versteht man unter Konditionspolitik?

(1) alle Entscheidungen, die sich mit der Festsetzung des Preises beschäftigen
(2) Lieferungs- und Zahlungsbedingungen, die zwischen Verkäufer/-innen und Käufer/-innen vereinbart wurden
(3) alle Entscheidungen, die sich mit den Lieferbedingungen beschäftigen
(4) Preisbedingungen, die zwischen Verkäufer/-innen und Käufer/-innen vereinbart wurden
(5) alle Entscheidungen, die sich mit den Lieferungs- und Zahlungsbedingungen beschäftigen

Aufgabe 177

Wer oder was ist ein Ausgleichsnehmer?

(1) ein Artikel, bei dem sich die Käufer/-innen sehr preisbewusst verhalten
(2) ein Artikel, bei dem sich die Kundinnen und Kunden weniger preisbewusst verhalten
(3) Kundinnen und Kunden, die sich bei allen Artikel preisbewusst verhalten
(4) Kundin, die sich bei allen Artikeln weniger preisbewusst verhält
(5) ein Käufer, der sich bei allen Sonderangebotsartikeln preisbewusst verhält

Aufgabe 178

Welche Aussage über die mengenmäßige Preisdifferenzierung ist richtig?

(1) Bei Abnahme größerer Mengen einer Ware wird ein günstiger Preis gewährt.
(2) Bei Abnahme kleinerer Mengen einer Ware wird ein günstiger Preis gewährt.
(3) Die gleiche Ware oder Dienstleistung wird zu verschiedenen Zeiten zu unterschiedlichen Preisen angeboten.
(4) Angebot gleicher Waren und Dienstleistungen zu unterschiedlichen Preisen
(5) Bei Abnahme kleinerer Mengen einer Ware wird ein höherer Preis gewährt.

Aufgabe 179

Worum handelt es sich bei einem Rabatt?

(1) Preisnachlass für vorzeitige Zahlung
(2) nachträglich gewährter Preisnachlass nur in Form von Waren
(3) Preisnachlass, wenn die Kundin/der Kunde einen Mindestumsatz erreicht oder überschritten hat
(4) Nachlass von einheitlich festgelegten Bruttopreisen
(5) Nachlass von einheitlich festgelegten Nettopreisen

11 Distributionspolitik

Aufgabe 180

Was haben Kommissionär, Handelsmakler und Handelsvertreter gemeinsam?

(1) Sie sind Angestellte.
(2) Sie handeln im eigenen Namen für fremde Rechnung.
(3) Sie handeln im fremden Namen für fremde Rechnung.
(4) Sie sind selbstständige Kaufleute.
(5) Sie erhalten eine Delkredereprovision.

Aufgabe 181

Wie nennt man die Vergütung, die ein Reisender neben der Provision erhält?

(1) Reisekosten
(2) Fixum
(3) Nettolohn
(4) Bruttogehalt
(5) Beteiligung am Umsatz

Aufgabe 182

Was ist unter einem Handelsvertreter zu verstehen?

(1) Er ist ein kaufmännischer Angestellter.
(2) Er ist ein spezieller Kommissionär.
(3) Er ist ein Gewerbetreibender.
(4) Er ist selbstständiger Kaufmann, der im eigenen Namen und für fremde Rechnung Geschäfte abschließt.
(5) Er ist Angestellter eines Unternehmens.

Aufgabe 183

Die Spindler KG steht vor der Entscheidung, ihre Waren mithilfe eines Handlungsreisenden bzw. Handelsvertreters abzusetzen. Der Handlungsreisende erhält ein Fixum von 36 000,00 € pro Jahr, zusätzlich 3 % Umsatzprovision. Der Handelsvertreter bekommt 12 % Umsatzprovision. Bei welchem Jahresumsatz verursachen beide Absatzformen die gleichen Kosten in der Vergütung?

(1) 500 000,00 €
(2) 300 000,00 €
(3) 350 000,00 €
(4) 400 000,00 €
(5) 420 000,00 €

12 Kommunikationspolitik

Aufgabe 184

Zur Einführung eines Artikels werden Mitarbeitende der Martin KG geschult. Um welche Art der Kommunikationspolitik handelt es sich?

(1) Product-Placement
(2) Salespromotion
(3) Werbung
(4) Sponsoring
(5) Public Relations

Aufgabe 185

Was ist unter dem Begriff „Public Relations" zu verstehen?

(1) alle Maßnahmen des Großhändlers, die seine Absatzbemühungen unterstützen
(2) Veröffentlichungen über das Verhalten der Konkurrenz
(3) Beeinflussung des Umworbenen, ohne dass die Werbung bewusst wahrgenommen wird
(4) Öffentlichkeitsarbeit zur Hebung des Ansehens des eigenen Unternehmens
(5) irreführende Werbung

Aufgabe 186

Ordnen Sie die Begriffe a) bis h) den richtigen Beschreibungen 1 bis 8 zu.

a) Public Relations
b) Absatzwerbung
c) Human Relations
d) Salespromotion
e) persönlicher Verkauf
f) Direktwerbung
g) Product Placement
h) Sponsoring

(1) bewusste Integration von Waren und Dienstleistungen in Kinofilmen oder Fernsehsendungen ☐

(2) Personen oder Institutionen werden unterstützt und gewähren dem Unternehmen dafür bestimmte absatzfördernde Gegenleistungen (z. B. Werbemöglichkeiten). ☐

(3) Wird auch Öffentlichkeitsarbeit genannt und sorgt für eine positive Darstellung des Unternehmens (nicht der Produkte). ☐

(4) Käuferbeeinflussung, die sich an alle potenziellen und anonymen Kunden und Kundinnen richtet. Sie findet in räumlicher Entfernung vom Verkaufsort statt. Die Kundschaft soll zur Ware gebracht werden. ☐

(5) Pflege zwischenmenschlicher Beziehungen innerhalb eines Unternehmens zur Absatzförderung ☐

(6) Professionell durchgeführte persönliche Beratungsgespräche bei Artikeln mit hohem Erklärungsbedarf sind absatzfördernd. ☐

(7) Auch Verkaufsförderung genannt. Den am Absatz Beteiligten wird – in der Regel in der Verkaufsstätte – (durch Aktionen) das Verkaufen erleichtert. Die Ware wird zum Kunden gebracht. ☐

(8) direkte individuelle Ansprache von (bekannten) Zielpersonen ☐

13 Werbung

Aufgabe 187

Die Martin KG sucht geeignete Werbeträger. Welche Begriffsgruppe beinhaltet ausschließlich Werbeträger?

B Geschäftsprozesse im E-Commerce

(1) Litfaßsäule, Hörfunk, Kino
(2) Plakat, Hauswand, Autos
(3) Internetanzeige, Kino, Telefonzellen
(4) Werbedurchsage, Fachzeitschrift, Plakat
(5) Zeitungsanzeige, Internetanzeige, Straßenbahn

Aufgabe 188

Ein Angestellter der Martin KG sieht einen Werbespot, in dem für „extrem sparsame ökologische Autos" geworben wird. Bei diesem Werbespot wird keine Firma (namentlich) genannt. Um welche Art der Werbung handelt es sich?

(1) Massenwerbung
(2) Einzelwerbung
(3) Sammelwerbung
(4) Gemeinschaftswerbung
(5) Alleinwerbung

Aufgabe 189

Ordnen Sie zu, indem Sie die Kennziffern von drei der sieben Fragestellungen in die Kästchen bei den Begriffen eintragen.

(1) Welche Wirkung soll erzielt werden?
(2) Wie viel Geld steht für die Werbung zur Verfügung?
(3) Wer soll mit der Werbung angesprochen werden?
(4) Wo soll geworben werden?
(5) Womit soll geworben werden?
(6) Wie können die Werbeziele umgesetzt werden, sodass sie von der Zielgruppe verstanden werden?
(7) Wann soll mit der Webekampagne begonnen werden und wie lange soll sie laufen?

Streugebiet

Streukreis

Streuzeit

Aufgabe 190

Wie erfolgt die Ermittlung des ökonomischen Werbeerfolgs?

(1) $\dfrac{\text{Gesamtumsatz}}{\text{gesamte Werbekosten}}$

(2) $\dfrac{\text{Gesamterträge}}{\text{Werbekosten für die Werbeaktion}}$

(3) $\dfrac{\text{Reingewinn}}{\text{gesamte Werbekosten}}$

(4) $\dfrac{\text{Wareneinsatz}}{\text{Werbekosten für die Werbeaktion}}$

(5) $\dfrac{\text{Umsatzsteigerung}}{\text{Werbekosten für die Werbeaktion}}$

14 Das Marketingkonzept

Aufgabe 191

Was versteht man unter dem Marketing-Mix.

Aufgabe 192

Ordnen Sie die Bereiche des Marketings (4Ps) den folgenden Maßnahmen richtig zu.

Maßnahme	Bereich des Marketings
Sponsoring, Platzierung von Produkten bei Events	
Marketingkampagne im Online-Shop laufen lassen, Produkte über Social-Media anbieten	
Produkte rabattieren, Produktkombinationen anbieten	
Sortimentserweiterung	

Aufgabe 193

Erläutern Sie kurz, was ein Marketingkonzept ist.

15 Das Gesetz gegen den unlauteren Wettbewerb

Aufgabe 194
Was ist das Ziel des Gesetzes gegen den unlauteren Wettbewerb (UWG)?

Aufgabe 195
Erläutern Sie die Generalklausel des UWG.

Aufgabe 196
Welche Aussagen macht das Gesetz gegen den unlauteren Wettbewerb (UWG) noch?

Aufgabe 197
Was sind Compliance Managementsysteme?

16 Das Kundenbeziehungsmanagement

Aufgabe 198
Welche Begriffe verbergen sich hinter den folgenden Erklärungen?

a) Hierunter versteht man produktbegleitende Dienstleistungen, die ein Kunde nach Abschluss des Kaufvertrags in Anspruch nehmen kann.

___

b) wird eingesetzt, um den positiven Ausbau der geschäftlichen Beziehungen zu Kundinnen und Kunden, eine anhaltende und stabile Partnerschaft zu gewährleisten

___

c) umfassen alle Maßnahmen, die der Gewährleistung oder Wiederherstellung der einwandfreien Funktion einer Ware dienen

___

Das Kundenbeziehungsmanagement

d) umfassen Beratungs- und Zustellungsdienste sowie Gefälligkeiten aller Art, individuelles Entgegenkommen und Hilfsbereitschaft in vielfältigen Ausprägungen

---

e) Briefe, Postwurfsendungen, E-Mails und SMS sind wichtige Bestandteile welches Instruments?

---

f) eine Karte, mit der die Kundschaft an ein Unternehmen gebunden werden soll

---

g) Hierdurch bemühen sich Unternehmen, ihren Kundinnen und Kunden, entsprechend ihres Wertes für das Unternehmen, das Bewusstsein zu vermitteln, ganz besonders vorteilhaft behandelt zu werden. Dies ist eine durch ein, manchmal auch durch mehrere Unternehmen organisierte Vereinigung von tatsächlichen oder potenziellen Kundinnen und Kunden.

---

h) Umfang, Form und Erscheinungsweise dieses Marketinginstruments unterscheiden sich stark. Die Spanne reicht von acht Seiten im Tageszeitungsformat bis zu über 80 Seiten als vierfarbiges Hochglanzmagazin.

---

i) Dies ist ein gutes Kundenbindungsinstrument und stellt einen Gutschein bzw. eine Bezugsberechtigung dar.

Aufgabe 199

Unterscheiden Sie warenbezogene und nicht warenbezogene Dienstleistungen.

B Geschäftsprozesse im E-Commerce

Aufgabe 200

Lösen Sie die folgenden Fragen.

a) *Was versteht man unter dem Customer-Relationship-Management?*
   (1) produktbegleitende Dienstleistungen, die eine Kundin/ein Kunde nach Abschluss des Kaufvertrags in Anspruch nehmen kann
   (2) positiver Ausbau der geschäftlichen Beziehungen zu Kundinnen und Kunden, um eine anhaltende stabile Partnerschaft zu gewährleisten
   (3) direkte Ansprache der Kundinnen und Kunden durch das Unternehmen
   (4) Erlebnisvermittlung als Strategie

b) *Kundenklagen werden nicht als leidiges Übel, sondern als Chance begriffen, um Missstände abzustellen. Auf welches CRM-Instrument trifft dies zu?*
   (1) After-Sales-Services
   (2) Events
   (3) One-to-one-Marketing
   (4) Beschwerdemanagement

c) *Was ist eine technische Serviceleistung?*
   (1) Gewährung einer Garantie
   (2) Reparaturservice
   (3) Entsorgung
   (4) Kulanz

d) *Was versteht man unter dem One-to-one-Marketing?*
   (1) produktbegleitende Dienstleistungen, die eine Kundin/ein Kunde nach Abschluss des Kaufvertrags in Anspruch nehmen kann
   (2) positiver Ausbau der geschäftlichen Beziehungen zu Kundinnen und Kunden, um eine anhaltende stabile Partnerschaft zu gewährleisten
   (3) direkte Ansprache der Kundinnen und Kunden durch das Unternehmen
   (4) Erlebnisvermittlung als Strategie

e) *Was ist eine kaufmännische Serviceleistung?*
   (1) Wartungsservice
   (2) Reparaturservice
   (3) Inspektionsservice
   (4) Kulanz

f) *Was ist ein anderer Ausdruck für „Customer-Relation-Marketing"?*

   (1) Kundenorientierung
   (2) Kundenservice
   (3) direkte Ansprache der Kundinnen und Kunden durch das Unternehmen
   (4) Beziehungsmarketing

g) *Was versteht man unter „After-Sales-Services"?*

   (1) produktbegleitende Dienstleistungen, die eine Kundin/ein Kunde nach Abschluss des Kaufvertrags in Anspruch nehmen kann
   (2) positiver Ausbau der geschäftlichen Beziehungen zu Kundinnen und Kunden, um eine anhaltende stabile Partnerschaft zu gewährleisten
   (3) direkte Ansprache der Kundinnen und Kunden durch das Unternehmen
   (4) Erlebnisvermittlung als Strategie

h) *Wer gibt keine Kundenkarten aus?*

   (1) einzelne Unternehmen
   (2) mehrere Unternehmen gemeinsam
   (3) berufsbildende Schulen
   (4) Stellen für Stadtmarketing

i) *Was ist kein Instrument des One-to-one-Marketing?*

   (1) Event
   (2) E-Mail
   (3) WhatsApp-Nachricht
   (4) SMS

j) *Was versteht man unter Event-Marketing?*

   (1) produktbegleitende Dienstleistungen, die eine Kundin/ein Kunde nach Abschluss des Kaufvertrags in Anspruch nehmen kann
   (2) positiver Ausbau der geschäftlichen Beziehungen zu Kundinnen und Kunden, um eine anhaltende stabile Partnerschaft zu gewährleisten
   (3) direkte Ansprache der Kundinnen und Kunden durch das Unternehmen
   (4) Erlebnisvermittlung als Strategie

k) *Was sind Instrumente des Event-Marketings?*

   (1) Kundenzeitschrift
   (2) Filialfeste

(3) Kundenabende
(4) Kundenbindung

17 Einbeziehung der Kundenstruktur ins Marketing

Aufgabe 201

Welches Ziel verfolgt die Marktsegmentierung?

(1) neue Produkte und Güter in das Warensortiment aufzunehmen, um so das Angebot für die Kundschaft zu vergrößern
(2) Kostensenkung durch Kürzung der Löhne und Gehälter
(3) ins Ausland zu expandieren, um größtmöglichen Gewinn zu erzielen
(4) Aufteilung des Gesamtmarktes in einheitliche Käufergruppen, um so eine bestmögliche Marktbearbeitung zu gewährleisten
(5) Verkäufermärkte langfristig in Käufermärkte umzuwandeln

Aufgabe 202

Was versteht man unter Kundenselektion?

18 Das Onlinemarketing

Aufgabe 203

Vervollständigen Sie den nachstehenden Text um die folgenden Begriffe:

> Benutzerfreundlichkeit – Besucher – Käufer – Kaufabwicklung – Kaufprozess – komfortable Bedienung – Konversionsrate – Usability

Ein Webshop wird von vielen Besucherinnen und Besuchern im Internet aufgesucht. Die meisten verlassen den Shop aber mehr oder weniger schnell, ohne dort tatsächlich etwas zu bestellen. Die Kundinnen und Kunden brechen den möglichen _____ oft während des Anschauens des Sortiments oder während der späteren _____ ab. Um die Kaufabbrüche besser überwachen und schließlich mit verschiedenen Maßnahmen verringern zu können, sollte ein Unternehmen die _____ berechnen. Diese Rate gibt an, wie viele Besucherinnen und Besucherinnen und Besucher einer Internetseite zu Käuferinnen und Käufern werden. Berechnet wird sie – in der einfachsten Form – folgendermaßen.

Konversionsrate = _____ / _____ · 100

Eine entscheidende Rolle beim Erfolg eines Webshops kommt der _____ zu. Darunter versteht man die _____ einer Internetseite. Oft wird im Zusammenhang davon auch von „Gebrauchstauglichkeit" gesprochen. Dazu gehören sämtliche Maßnahmen und Eigenschaften von Webseiten, die den Besucherinnen und Besuchern auch ohne größere Erfahrungen oder ohne das Studium umfassender Anleitungen eine _____ ermöglichen.

Aufgabe 204

Ordnen Sie die Begriffe a) bis k) den richtigen Erklärungen 1 bis 11 zu.

a) Webshop
b) Verkaufsplattform (B2B-Marktplatz)
c) Onlinebranchenbücher
d) Auktionsplattformen
e) Subshops
f) SEA
g) E-Mail-Marketing
h) virales Marketing
i) SEO
j) Affiliate Marketing
k) Social Media Marketing

(1) Einsatz von sozialen Netzwerken im Internet zu Umsatz- und Absatzsteigerungen ☐

(2) Der Betreiber einer Internetseite empfiehlt die Internetseite eines anderen Anbieters. ☐

(3) Grundlage jeder Verkaufsaktivität im Internet. Hier sollen Kundinnen und Kunden Kaufverträge direkt beim Unternehmen abschließen. ☐

(4) Vom Betreiber werden unter einer Internetadresse verschiedene Angebote (zum Beispiel von verschiedenen Anbietern) zusammengefasst.

(5) Verzeichnisse oder Kataloge, in die sich ein Unternehmen eintragen kann

(6) Hier finden Versteigerungen statt.

(7) Im Frontend treten gegenüber den Kundinnen und Kunden unterschiedliche Shops auf. Diese haben aber alle ein gemeinsames Backend (Administrationsoberfläche).

(8) Suchmaschinenwerbung

(9) Kunden werden über Newsletter über neue Angebote informiert.

(10) gezieltes Auslösen und Kontrollieren von Mund-zu-Mund-Propaganda im Internet

(11) Suchmaschinenoptimierung

Aufgabe 205

Erläutern Sie die folgenden Begriffe des Display Marketings.

a) Above-the-Line-Kommunikation
b) Werbebanner
c) Landingpage
d) Click-Through-Rate (CTR)
e) Customer Journey
f) integrierte Kommunikation
g) Positionierung der Marke
h) Lead
i) Konversionsrate

Aufgabe 206

Erläutern Sie die folgenden Begriffe des Onlinemarketings im Zusammenhang mit Affiliates.

a) Deeplink
b) Widget
c) Textlink
d) Produktdatenfeed
e) Tracking

f) Cookies
g) Session Tracking
h) Fingerprint-Tracking
i) Pixel Tracking
j) Ad Impressions/Ad Views
k) Ad Clicks
l) Click Through Rate (CTR)
m) Sign-up
n) Sales/Umsätze
o) Conversion Rate

Aufgabe 207

Welche Begriffe aus dem Bereich des Targetings passen zu den folgenden Erläuterungen?

a) Diese Technik beugt dem sogenannten Banner Burn-out vor, das durch zu häufiges Einblenden der Werbemittel ausgelöst wird und eine nachlassende Werbewirkung zur Folge hat.

b) Dieses regional ausgerichtete Targeting wird auch als IP-Targeting bezeichnet, weil die IP-Adresse des Rechners genutzt wird, um den geografischen Standort des Nutzers zu ermitteln. Noch zuverlässigere Daten der Standortermittlung sind möglich, wenn die Nutzer ihre GPS-Funktion einschalten.

c) Güter des täglichen Bedarfs wie Lebensmittel oder Hygieneartikel

d) Der Advertiser definiert auch bei dieser Technik Keywords, die zum Ausspielen seiner Anzeige führen sollen. Im Unterschied zum Kontext-Targeting werden beim Keyword-Targeting nicht die Websites nach den Keywords durchsucht, sondern die Keywords werden mit den Wörtern der Suchanfrage, die die Nutzerinnen und Nutzer in eine Suchmaschine eingeben, verglichen.

e) Hochpreisige und langlebige, oft auch technisch anspruchsvolle Güter des gehobenen Bedarfs, über die sich die Kundinnen und Kunden sehr sorgfältig und gründlich informieren. Ihre Kaufentscheidung treffen sie erst dann, wenn sie von der Qualität überzeugt sind und sich persönlich mit dem Produkt identifizieren können.

---

f) Onlinewerbung wird an Nutzerinnen und Nutzer mit bestimmten soziodemografischen Merkmalen ausgeliefert. Die Profildaten der Zielgruppe werden aus internen und externen Marktforschungserhebungen gewonnen.

---

g) Bei diesem Targeting wird das Verhalten der Nutzerinnen und Nutzer auf der eigenen Website analysiert. Daran lassen sich Präferenzen einzelner Nutzerinnen und Nutzer an bestimmten Produktkategorien oder Preissegmenten erkennen.

---

h) Bei dieser Art des Behavioral Targeting geht es um Vorhersagen über die Interessen von bisher nicht bekannten Nutzerinnen und Nutzern mit einem ähnlichen Surfverhalten mit dem Ziel, Neukundschaft zu gewinnen.

---

i) Erfasst werden technische Informationen über die Hard- und Softwareausstattung der Internetnutzer/-innen, um die Darstellung der digitalen Werbung möglichst optimal an die jeweilige technische Ausstattung der Nutzerinnen und Nutzer anzupassen. Diese Daten werden automatisch beim Besuch einer Website übermittelt.

---

j) Hierbei werden Nutzerinnen und Nutzer einer bestimmten Zielgruppe mit Werbemitteln angesprochen, die vor Kurzem eine bestimmte Website besucht haben. Auch beim Retargeting werden Cookies eingesetzt, um die Daten und das Verhalten der

Nutzerinnen und Nutzer zum Beispiel beim Besuch eines Onlineshops speichern und analysieren zu können.

---

k) Bei diesem Targeting werden Anzeigen passend zum Konsumverhalten in Abhängigkeit vom Wochentag, besonderen Anlässen oder der Tageszeit ausgespielt. Morgens im Berufsverkehr sind andere Inhalte relevant als am Wochenende oder in der Mittagspause.

---

l) Dieses Targeting sorgt dafür, dass Werbemittel in einem thematisch passenden redaktionellen Umfeld ausgeliefert werden. Das hat den Vorteil, dass Advertiser und Publisher dieselbe Zielgruppe erreichen möchten. Die Nutzerinnen und Nutzer sehen die für sie relevante Werbung genau in dem Moment, in dem sie sich mit dem Thema der Website beschäftigen.

---

m) Dieses seitenübergreifende Targeting nutzt alle Websites eines Ad Networks. Sowohl die Datenerhebung als auch die zielgruppenbezogene Auslieferung von Werbemitteln erstreckt sich auf das gesamte Werbenetzwerk, sodass der Umfang der Daten sehr groß und die Bildung von Nutzerprofilen viel genauer ist, als dies bei einzelnen Websites möglich ist.

---

n) Bei diesem Targeting definiert der Advertiser jedoch nicht einzelne Keywords, sondern ein Thema. Nun werden die Webseiten nach Wörtern des dazu passenden semantischen Gesamtzusammenhangs durchsucht. Bei diesem Verfahren entfällt das Problem der Mehrdeutigkeit.

---

o) Vermarkten das Werbeinventar vieler Websites und sind Schnittstelle zwischen Onlinepublishern und Werbetreibenden.

B Geschäftsprozesse im E-Commerce

p) Verhaltensbasiertes Targeting bedeutet im Unterschied zur klassischen Onlinewerbung nach dem Gießkannenprinzip die zielgruppengenaue Auslieferung von Werbebannern, unabhängig vom Content der Website. Ausschließlich die Erkenntnisse aus der anonymisierten Analyse des Surf- und Klickverhaltens einzelner Nutzer beeinflussen die Auswahl und Anzeige eines relevanten Werbeinhalts.

Aufgabe 208

Vervollständigen Sie die Sätze im folgenden Text zur Überprüfung der Onlinemarketing-Maßnahmen.

ausgewertet – Besucherbewegungen – Onlinemarketing-Maßnahmen – Onlinetools – Veränderungen – Verhalten – Werbeerfolgskontrolle – woher

_____ ist die nachhaltige Kontrolle und Optimierung einer Werbekampagne und deren Erfolg. Im Onlinemarketing ist natürlich eine klassische Werbeerfolgskontrolle nicht möglich. Das Internet bietet die Möglichkeit, alle _____ direkt messen zu können. Viele _____, wie Google Ads oder Ähnliche, werten bereits die Ergebnisse der Kampagnen eigenständig aus und legen wichtige Kennzahlen vor. Berichte, Erfolgsauswertungen und Kennzahlen können teilweise in Echtzeit eingesehen und weiterverarbeitet werden. Dadurch können nicht nur die User im Internet schnell auf _____ reagieren, sondern auch viele Unternehmen.

Dadurch können Unternehmen _____ auf der eigenen Website messen. Onlineprogramme wie Google Analytics oder Piwik bieten Web Analytics und die Möglichkeiten an, auszuwerten, _____ die Nutzerinnen und Nutzer kommen oder welches _____ sie auf der Website aufweisen. Unternehmen können mithilfe der Webanalyse ihre Marketingmaßnahmen optimieren und wertvolle Informationen zu ihren Websitebesuchern/-besucherinnen und Kundinnen und Kunden gewinnen.

Mit Web Analytics werden Besucherströme auf Websites gemessen und Daten in Web Analytics-Programmen protokolliert und aufbereiet. Anhand der Daten können Onlinemarketing-Maßnahmen _____ und optimiert werden.

Aufgabe 209

Beantworten Sie die folgenden Fragen zur Wirksamkeit der Onlinemaßnahmen.

a) Stimmt diese Aussage?
 Der Conversion-Funnel beschreibt den Weg der potenziellen zu tatsächlichen Kundinnen und Kunden.

 (1) ja
 (2) nein

b) Welche Formel berechnet die Conversion-Rate (= CR)?

 (1) $CR = \left(\dfrac{\text{Unique Visitors}}{\text{Conversions}}\right) \times 100\,\%$

 (2) $CR = \left(\dfrac{100\,\%}{\text{Conversions}}\right) \times \text{Unique Visitors}$

 (3) $\left(\dfrac{\text{Conversions}}{\text{Unique Visitors}}\right) \times 100\,\%$

 (4) $\left(\dfrac{\text{Conversions}}{\text{Marketingaktionen}}\right) \times 100\,\%$

c) Stimmt diese Aussage?
 Die CPO-Kennzahl sagt aus, wie viele Erlöse pro Conversion erzielt werden.

 (1) ja
 (2) nein

B Geschäftsprozesse im E-Commerce

d) Stimmt diese Aussage?
   Die CPO-Kennzahl sagt aus, wie viele Kosten pro Conversion aufgewendet werden müssen.

   (1) ja
   (2) nein

e) Stimmt diese Aussage?
   Die CPO-Vergütung richtet sich grundsätzlich nach einem %-Satz.

   (1) ja
   (2) nein

f) Welche Formel berechnet die CPC-Kennzahl?

   (1) $CPC = \dfrac{\text{Gesamtkosten}}{\text{Anzahl der Klicks}}$
   (2) $CPC = \dfrac{\text{Anzahl der Klicks}}{\text{Gesamtkosten}}$
   (3) Es gibt keine Formel.
   (4) $CPC = \dfrac{\text{Conversion Rate}}{\text{Gesamtkosten}}$

g) Stimmt diese Aussage?
   Die Return-Rate beeinflusst nicht die CPO.

   (1) ja
   (2) nein

h) Wie hoch ist die durchschnittliche Öffnungsrate im E-Commerce-Bereich (E-Mails)?

   (1) ca. 80 %
   (2) ca. 50 %
   (3) ca. 10 %
   (4) ca. 20 %

i) Welche Kennzahlen lassen sich grundsätzlich auch dem E-Mail-Marketing zuordnen?

   (1) Bounce Rate
   (2) Open Rate

(3) ROAS

(4) Return-Rate

Aufgabe 210

Im Onlinemarketing werden oft allgemeine Kennzahlen verwendet. Beantworten Sie die folgenden Fragen.

a) Stimmt diese Aussage?
   Kennzahlen dienen der kurzfristigen, mittelfristigen und langfristigen Entscheidungsfindung.

   (1) ja
   (2) nein

b) Wenn Kennzahlen mehrere Zahlen in Beziehung zueinander ausdrücken, handelt es sich um:

   (1) Verhältniszahlen
   (2) absolute Kennzahlen
   (3) eine isolierte Kennzahlenangabe
   (4) irrelevante Informationen

c) Welche Beispiele zählen zu den qualitativen Kennzahlen?

   (1) Kundenzufriedenheit
   (2) Servicequalität
   (3) Mitarbeiteranzahl in einer Abteilung
   (4) Gesamtkosten Marketingkampagne

d) Welche Beispiele zählen zu den quantitativen Kennzahlen?

   (1) Produktqualität
   (2) Kundenzufriedenheit
   (3) Umsatzentwicklung in Q1
   (4) Marktanteil im Bereich Digitales

e) Welche bekannten Systeme zählen zu den sogenannten Kennzahlensystemen?

   (1) Fieber-Matrix

(2) DuPont-System
(3) Balanced Scorecard
(4) Lesch Logistik GmbH

f) Stimmt diese Aussage?
In einem Dashboard werden die wichtigsten Kennzahlen visualisiert.

(1) ja
(2) nein

Aufgabe 211

Die Exclusiva GmbH möchte die Online-Präsenz ihrer lokalen Filialen verbessern, ohne dabei auf soziale Netzwerke zurückzugreifen. Nennen Sie 3 mögliche Strategien, die die Exclusiva GmbH anwenden könnte, um die Sichtbarkeit ihrer Filialen im Internet zu erhöhen?

Aufgabe 212

Ihre Aufgabe besteht darin, das Controlling für die Sortimentspolitik der Exclusiva GmbH im Bereich der Kennzahlenberechnung und -auswertung zu unterstützen, da Ihre Kollegin ausgefallen ist. Sie haben Zugriff auf die folgenden Daten aus dem Online-Shopsystem und dem ERP-System:

Position	Produktgruppe		
	T-Shirt	Schuhe	Accessories
Besucher	1.293	792	1.432
Unique Visitors (einzelne Besucher)	1.123	697	1.359
Bestellung bestätigt	234	122	523
Bestellung versandt	190	89	493
Bestellung zurückgegeben	12	21	23
Verkaufspreis inkl. USt in €	39,90	89,90	19,90

a) Berechnen Sie rechnerisch nachvollziehbar die Conversion Rate für die Produktgruppen T-Shirt, Schuhe und Accessories.

b) Berechnen Sie rechnerisch nachvollziehbar anhand der gegebenen Daten die Retourenquote für die Produktgruppe Accessories.

c) Der Wareneinsatz für die Produktgruppe Schuhe beträgt 37,50 €. Hinzu kommen noch variable Handlungskosten in Höhe von 12,75 €. Berechnen Sie rechnerisch nachvollziehbar anhand der gegebenen Daten den Stückdeckungsbeitrag von einem Paar Schuhe

d) Berechnen Sie die kurzfristige Preisuntergrenze für die Produktgruppe Schuhe.

Aufgabe 213

Die Exklusiva GmbH ist bestrebt, die Rentabilität ihrer Kundenbeziehungen zu maximieren. Die Marketingabteilung hat kürzlich eine Schulung über den Customer Lifetime Value (CLV) durchgeführt und die Teammitglieder dazu aufgefordert, ihr Verständnis der verschiedenen Aspekte des CLV zu vertiefen.

Geben Sie an, welche Aussage zum Customer Lifetime Value (CLV) richtig ist.

(1) Der CLV misst den gesamten Deckungsbeitrag, den ein Kunde durch alle seine Bestellungen über seine gesamte Beziehung zum Unternehmen hinweg generiert.

(2) Der CLV wird ausschließlich in produzierenden Unternehmen zur Bewertung herangezogen.

(3) Der CLV wird berechnet, indem der durchschnittliche Bestellwert und die Bruttogewinnspanne berücksichtigt werden.

(4) Der CLV basiert auf der Analyse der Absprungrate über alle durchgeführten Werbemaßnahmen.

(5) Der CLV ist eine Kennzahl, die bei der Gestaltung des Produktsortiments über die aktiven Verkaufssaisons hinweg eine Rolle spielt.

Aufgabe 214

Beantworten Sie die folgenden Fragen zu Sortimentskennzahlen.

a) Welche Schlagwörter werden in der Sortimentssteuerung diskutiert?

   (1) Bruttosozialprodukt
   (2) Produkte
   (3) Produktgruppen

(4) Produktkategorien
(5) retournierte Produkte

b) Stimmt diese Aussage?
Sortimentsbezogene Kennzahlen liefern eine höhere Aussagekraft, wenn sie über einen längeren Zeitraum betrachtet werden.

(1) ja
(2) nein

c) Welche Schlagwörter zählen zu der Renner- und Penner-Analyse?

(1) Renner
(2) Penner
(3) Hidden Champions
(4) Cash Cows

d) Stimmt diese Aussage?
Hype-Artikel werden oft gekauft, aber wenig angeklickt.

(1) ja
(2) nein

e) Stimmt diese Aussage?
Hidden Champions sind bereits Topseller.

(1) ja
(2) nein

f) Stimmt diese Aussage?
Penner sind Geldvernichter.

(1) ja
(2) nein

g) Welche Formel berechnet die Look-to-book-Ratio?

(1) $\dfrac{\text{Besuche der Produktseite} \times 100\,\%}{\text{Buchungen}}$

(2) $\dfrac{\text{Buchungen} \times 100\,\%}{\text{Besuche der Produktseite}}$

(3) $\dfrac{\text{Buchungen}}{\text{Käufe}}$

(4) $\dfrac{\text{Käufe}}{\text{Buchungen}}$

h) Der Average Order Value bezeichnet ...

   (1) den durchschnittlichen Warenkorbwert.
   (2) die durchschnittliche Ausstiegsrate.
   (3) die durchschnittliche Retourenquote.
   (4) die durchschnittliche Bestellhäufigkeit eines Kunden.

i) Welche Kennzahlen zählen zu der Kundenstruktur?

   (1) Kundenzufriedenheit
   (2) Umsatz je Kundin/Kunde
   (3) Customer Lifetime Value
   (4) männliche Kundengruppe
   (5) Renner/Penner-Average

j) Stimmt diese Aussage?
   Renner-Penner-Analysen werden benötigt, um die Social-Media-Kommunikation zu verbessern.

   (1) ja
   (2) nein

Aufgabe 215
Was sind A/B-Tests?

Aufgabe 216
Was sind multivariate Tests?

Aufgabe 217
Was ist eine 404-Fehlerseite?

Aufgabe 218
Was sind Null-Treffer-Seiten?

B Geschäftsprozesse im E-Commerce

Aufgabe 219
Was bedeutet die Abkürzung SEM?

Aufgabe 220
Was ist das Retargeting?

Aufgabe 221
Was sind Cookies?

Aufgabe 222
Was ist ein Adserver?

Aufgabe 223
Ergänzen Sie den folgenden Text zum E-Mail-Marketing um die Begriffe:

Aftersales-E-Mails – direkt – Einverständniserklärung – E-Mailing – Homepage – Links – Neukunden – Newsletter – Stand-alone-E-Mails – Transaction-E-Mails – Trigger-E-Mail – übersichtlich

Über _____ lassen Unternehmen ihren Kundinnen und Kunden in regelmäßigen Abständen aktuelle Informationen zukommen. Alle wichtigen Informationen werden für die Kundschaft _____ zusammengestellt und per E-Mail verschickt. Dabei ist die Bandbreite der Informationen, die an die Kundinnen und Kunden weitergegeben werden, sehr vielfältig und reicht z. B. von dem Eröffnen einer neuen Filiale bzw. eines neuen Geschäftsbereichs über das Sponsoring eines Sportevents bis hin zum Mitwirken bei Umweltschutzmaßnahmen.

Die News verfügen dabei in der Regel über _____, die entweder zur _____ des Unternehmens führen und somit zum Weiterlesen oder aber _____ zum Kauf oder zum Bestellen anregen sollen.

Das _____ ist mit der klassischen Postwurfsendung zu vergleichen. Hierbei erhalten die Kundinnen und Kunden z. B. eine

Einladung für ein anstehendes Event, Informationen über aktuelle Angebote und Rabattaktionen, Gutscheine oder er wird zur Teilnahme an einem Gewinnspiel aufgefordert.

Unter _____ ist ein typischer Werbebrief zu verstehen, der an eine Fremdadresse verschickt wird. Das heißt, ein Unternehmen kauft E-Mail-Adressen ein, um so einen Werbebrief an potenzielle _____ verschicken zu können. Der Kauf der E-Mail-Adressen bei einem anderen Unternehmen setzt selbstverständlich die _____ der potenziellen Neukundinnen und Neukunden mit der Weitergabe ihrer E-Mail-Adresse voraus.

Im Rahmen eines Geschäftsvorgangs werden an die Kundschaft zu verschiedenen Zeitpunkten oder Anlässen E-Mails verschickt, um den Dialog mit ihnen fortzusetzen und nicht abbrechen zu lassen. Dieses Vorgehen begleitet Kundinnen und Kunden durch den Geschäftsvorgang und gibt ihnen ein gutes Gefühl bei ihrer Bestellung, was für die Geschäftsbeziehung und Kundenbindung besonders wichtig ist.

Sie dienen als Auslöser für eine Kontaktaufnahme, eine Bestellung usw. und werden daher als _____ bezeichnet.

E-Mails, die im weiteren Geschäftsvorgang mit den Kundinnen und Kunden versandt werden, bezeichnet man als _____. Hierunter zählen zum Beispiel das Verschicken einer Eingangsbestätigung, einer Anfrage oder Bestellung, die Mitteilung des Bearbeitungsstandes, die Ankündigung einer Lieferung sowie das Verschicken einer Rechnung oder Zahlungserinnerung.

Um den Geschäftsvorgang positiv abzuschließen, bietet es sich an, sogenannte _____ an die Kundschaft zu verschicken. Grundidee dieser ist es, den Kauf für die Kundinnen und Kunden insbesondere „emotional" erfolgreich abzuschließen. Sie sollen sich

B Geschäftsprozesse im E-Commerce

gut betreut fühlen, sodass sie gerne wieder bei diesem Unternehmen einkaufen.

Aufgabe 224

Führen Sie mindestens
a) 5 Bannerarten und
b) 5 Bannerformate *auf.*

Aufgabe 225

Welche Onlinemarketing-Maßnahmen sind in den folgenden Fällen gemeint?

a) Verbindung verschiedener Medien zu Werbezwecken

___

b) Einsatz von in der Regel mindestens drei unterschiedlichen Kommunikationskanälen zur Verbreitung der gleichen Werbebotschaft

___

c) Kommunikative Maßnahmen, die ein Unternehmen über mobile Endgeräte tätigt, um das Verhalten von Interessentinnen und Interessenten sowie Kundinnen und Kunden zu beeinflussen

___

d) Marketingansatz, der auf unkonventionellen Methoden beruht und die Konsumenten überrascht

___

e) Sämtliche Maßnahmen auf Social Media Kanälen, um bestimmte Zielsetzungen zu verfolgen. Dabei steht die Kommunikation mit den Nutzerinnen und Nutzern im Mittelpunkt.

___

f) Mit dieser Marketingart wird dafür gesorgt, dass die Kundschaft über das beworbene Produkt reden und selbst dafür Werbung machen. Dies geschieht im Rahmen eines Schneeballeffekts über die Weiterverbreitung zum Beispiel über Facebook, Twitter usw.

___

g) Mit Personen, die in den sozialen Medien hohes Ansehen genießen, wird zur Erreichung wirtschaftlicher Ziele Einfluss auf die Bewertung von Produkten und Marken genommen.

Aufgabe 226

Die Exclusiva GmbH steht vor der Herausforderung, ihre Vertriebs- und Kontaktpunkte effizienter zu gestalten. Um dieses Problem zu lösen, sollen Sie über einen bestimmten Zeitraum das Kommunikationsverhalten unserer Kundinnen und Kunden analysieren. Ziel ist es, basierend auf Ihren Erkenntnissen, unsere Kommunikationskanäle anzupassen und zu verbessern.

Grundsätzlich stehen Ihnen sowohl synchrone als auch asynchrone Kommunikationskanäle zur Verfügung.

Nennen Sie jeweils zwei unterschiedliche Kanäle für beide Bereiche.

Aufgabe 227

Für Ihre Marketingstrategie im Unternehmen planen Sie, einen Influencer einzubinden. Nennen Sie zwei Auswahlkriterien, die bei der Auswahl von Influencern für Marketingzwecken beachtet werden sollen.

Aufgabe 228

Beschreiben Sie zwei negative Folgen, die Ihr Unternehmen durch unangemessene Äußerungen von Influencerinnen und Influencern erfahren könnte.

Aufgabe 229

Welche vertriebsbezogenen Kriterien sollten neben der Unternehmensethik bei der Auswahl von Influencerinnen und Influencern berücksichtigt werden? Nennen Sie drei Kriterien.

Aufgabe 230

Influencerinnen und Influencer berechnen Ihre Dienstleistung in der Regel auf Basis ihrer aktiven Follower. Geben Sie an, welches Risiko für Unternehmen in diesem Zusammenhang besteht.

(1) Es besteht das Risiko, dass Influencerinnen und Influencer über Fake-Follower verfügen, die nicht den Unternehmenszielen entsprechen und somit keine effektive Zielgruppe darstellen.

(2) Obwohl Influencerinnen und Influencer potenziell eine breite Zielgruppe ansprechen können, besteht die Gefahr, dass diese Zielgruppen nicht relevant für das Unternehmen sind und somit nicht bedient werden können.

(3) Trotz steigender Personalkosten müssen beworbene Artikel zu niedrigen Preisen verkauft werden, was zu einer Margenkompression führen kann.

(4) Das Unternehmen hat Schwierigkeiten, die Dienstleistungen der Influencerinnen und Infleuncer ordnungsgemäß in der Buchhaltung abzurechnen.

(5) In jedem Fall führt die Zusammenarbeit mit Influencern zu erheblichen Kostensteigerungen im Personalbereich für das Unternehmen.

Aufgabe 231
Was versteht man unter einer semantischen Suchmaschine?

Aufgabe 232
Erläutern Sie kurz die Begriffe Monitoring und Benchmarking.

Aufgabe 233
Erläutern Sie den Begriff „regionales Onlinemarketing".

19 Die Preisgestaltung

Aufgabe 234
Unterscheiden Sie nettopreisbezogene und bruttopreisbezogene Preisstellungssysteme.

Aufgabe 235
Unterscheiden Sie verschiedene Formen der Preisdifferenzierung.

Aufgabe 236
Was versteht man unter dem Begriff Repricing?

20 Die Kalkulation von Verkaufspreisen

Aufgabe 237
Ein Abteilungsleiter gibt einer Auszubildenden den Arbeitsauftrag: „Ich habe hier ein Angebot der Firma Francesco Benigni vorliegen ... Eine sehr interessante Sache. Sie bietet uns einen italienischen Designeranzug für einen Bezugspreis von 300,00 € das Stück an. Wir haben uns entschieden, eine größere Menge zu bestellen. Es muss jetzt nur noch der Verkaufspreis ermittelt werden. Das könnten Sie übernehmen. Ich muss nämlich kurz bei Frau Jonas vorbei. Ach so. Wir haben in dieser Warengruppe einen Handlungskostenzuschlag von 50 % errechnet. Und dann gibt es noch einen Gewinnzuschlag von 20 %. Berücksichtigt werden muss noch die Möglichkeit eines 25-prozentigen Kundenrabatts und eines 2-prozentigen Kundenskontos."

Berechnen Sie den Listenverkaufspreis netto.

Aufgabe 238
Sie möchten einen Rucksack „Trailblazer" zu einem regulären Verkaufspreis in Höhe von 179,00 € inkl. USt im Live-Shopping anbieten. Sie müssen 50 Stück nachbestellen, für die ein Lieferantenrabatt in Höhe von 2 % gewährt wird. Für das Live-Shopping engagieren Sie einen Dienstleister, der eine Umsatzbeteiligung von 10 % pro Artikel verlangt.

a) Ermitteln Sie kaufmännisch gerundet den Gewinn bzw. den Verlust pro Stück rechnerisch nachvollziehbar mithilfe des Kalkulationsschemas auf Grundlage der nachfolgenden Daten!

b) Ermitteln Sie rechnerisch den Kalkulationsfaktor für den Rucksack „Trailblazer". Geben Sie das Ergebnis mit zwei Nachkommastellen an.

Listeneinkaufspreis	99,00 € netto
Lieferantenskonto	2 %
Bezugskosten	150 €
Handlungskosten	18 %

B Geschäftsprozesse im E-Commerce

Aufgabe 239

Für eine Warengruppe soll der Kalkulationszuschlag berechnet werden. In dieser Warengruppe wird mit einem Handlungskostenzuschlag von 30 % und einem Gewinnzuschlag von 20 % gerechnet. Einkalkuliert werden müssen auch 20 % Kundenrabatt und 2 % Kundenskonto.

Berechnen Sie mithilfe des Kalkulationszuschlags dann den Listenverkaufspreis netto für einen Artikel, der den Bezugspreis von 20,00 € hat.

Aufgabe 240

Für die Kalkulation einer neuen Jeans stehen Ihnen die Angaben des nachfolgend abgebildeten Auszuges aus der Kalkulationstabelle zur Verfügung.

Listeneinkaufspreis	59,00 €
Zieleinkaufspreis	40,00 €
Bareinkaufspreis	35,00 €
Bezugspreis (Einstandspreis)	43,00 €
Selbstkostenpreis	53,00 €
Kalkulationszuschlag	75 %

Wie viel Euro beträgt der Listenverkaufspreis?

21 Inventur und Inventar

Aufgabe 241

Ordnen Sie den Begriffen a) bis k) die richtige Erläuterung (1) bis (11) zu.

a) Inventar
b) Anlagevermögen
c) Umlaufvermögen
d) Langfristige Schulden
e) Kurzfristige Schulden
f) Eigenkapital
g) Bilanz
h) Inventur
i) Inventurdifferenzen
j) Permanente Inventur
k) Liquidität

Inventur und Inventar

(1) Die Positionen des Vermögens sind nach diesem Gliederungsprinzip geordnet. ☐

(2) Die Inventur erfolgt ganzjährig, meist durch Fortschreibung mithilfe der EDV. ☐

(3) Unterschiede zwischen Soll- und Ist-Werten ☐

(4) Bestandsaufnahme aller Vermögensteile und Schulden im Unternehmen ☐

(5) Zu diesen Schulden gehören die Verbindlichkeiten aus Lieferungen und Leistungen. ☐

(6) stellt die Aktiva und Passiva in Kontenform gegenüber ☐

(7) berechnet sich als Unterschied aus Vermögen und Schulden ☐

(8) Zu diesen Schulden gehören zum Beispiel Hypotheken und Darlehen. ☐

(9) Vermögen, das nur kurzfristig im Unternehmen ist und häufig seinen Bestand ändert ☐

(10) das langfristig im Unternehmen eingesetzte Vermögen, das notwendig für den gesamten Geschäftsbetrieb ist ☐

(11) ausführliche Aufstellung des Vermögens, der Schulden sowie des Eigenkapitals in Tabellenform ☐

Aufgabe 242

Was ist ein Inventar?

(1) die körperliche und buchmäßige Bestandsaufnahme aller Vermögensteile und Schulden nach Art, Menge und Wert
(2) die Gesamtheit der Büroausstattung
(3) das Umlaufvermögen
(4) ein Buchungssatz, der mehr als fünf Konten berührt
(5) das Bestandsverzeichnis aller Vermögensteile und Schulden nach Art, Menge und Wert

Aufgabe 243

Was versteht man unter einer Inventur?

(1) das Bestandsverzeichnis aller Vermögensteile und Schulden nach Art, Menge und Wert
(2) die buchmäßige Bestandsaufnahme aller Vermögensteile
(3) ein anderes Wort für das Umlaufvermögen

22 Bilanz

Aufgabe 244

Welche der folgenden Aussagen sind richtig?

(1) Waren stehen als Bilanzposition auf der Aktivseite.

(2) Die Position Hypotheken steht auf der Passivseite.

(3) Forderungen Ist-Position auf der linken Seite der Bilanz, der Aktivseite

(4) Die Bilanz ist die Gegenüberstellung von Vermögen und Kapital eines Unternehmens zu einem bestimmten Zeitpunkt.

(5) Das Eigenkapital berechnet sich als Differenz zwischen dem vorhandenen Vermögen und dem Fremdkapital.

(6) Die Bilanz wird in Staffelform dargestellt.

(7) Die Aktivseite gibt Auskunft über die Mittelherkunft.

(8) Die Bilanzsumme auf der Passivseite ist genauso groß wie die auf der Aktivseite.

(9) Die Aktivseite wird nach der zunehmenden Flüssigkeit der Vermögensgegenstände gegliedert.

Aufgabe 245

Bringen Sie die Aktivseite der Bilanz in die richtige Reihenfolge.

(1) Fuhrpark

(2) Bank

(3) Waren

(4) Forderung

(5) BGA

(6) Gebäude

(7) Kasse

Aufgabe 246

Bringen Sie die Passivseite der Bilanz in die richtige Reihenfolge.

(1) Verbindlichkeiten aus Lieferungen und Leistungen

(2) Hypothekenschulden

(3) Eigenkapital

(4) Darlehensschulden

23 Geschäftsfälle und Veränderungen der Bilanz

Aufgabe 247

Vervollständigen Sie die folgenden Sätze um die fehlenden Begriffe:

Aktiv-Passiv-Mehrung – Bilanzsumme – erhöht – Aktivkonto – Bilanz – vier – Eigenkapitals – Passivpositionen – Bilanzverkürzung – vermindert – Aktivtausch – Bilanzverlängerung – Aktiv-Passiv-Minderung – verringert – Bilanzveränderungen – Passivtausch

Jeder Geschäftsfall wirkt sich auf die _____ aus. Dies nennt man _____. Davon gibt es _____ Arten.

Bei einer _____ nehmen Aktivpositionen und _____ in gleicher Höhe zu. Die Bilanzsumme _____ sich. Man nennt dies eine _____.

Bei einer _____ nehmen durch ein Geschäftsfall eine Aktivposition und eine Passivposition in gleicher Höhe ab. Die Bilanzsumme _____ sich. Man nennt dies eine _____.

Bei einem _____ bleibt _____ gleich. Durch einen Geschäftsfall erhöht sich ein _____, während sich ein anderes Aktivkonto vermindert.

Bei einem _____ erhöht sich durch einen Geschäftsfall ein Passivkonto, während sich ein anderes Passivkonto _____.

Die Bilanzsumme bleibt gleich.

Bei den vier Bilanzveränderungen ergeben sich keine Änderungen des _____ des Unternehmens.

Aufgabe 248

Welcher der folgenden Geschäftsfälle stellt eine Aktiv-Passiv-Minderung dar?

(1) Kauf eines PC gegen bar
(2) Begleichung von Lieferverbindlichkeiten durch Banküberweisung
(3) Umwandlung von kurzfristigen Schulden in langfristige Schulden
(4) Kaufen von Waren auf Ziel
(5) Ausgleich einer Limitüberschreitung auf einem Bankkonto durch Einzahlung des entsprechenden Betrages aus der Kasse

24 Die Bestandskonten

Aufgabe 249

Welche der folgenden Aussagen zu den Bestandskonten sind richtig (r) und welche falsch (f)?

(1) Die Gewinn- und Verlustrechnung am Schluss eines Wirtschaftsjahres bildet die Grundlage für die Buchführung des neuen Jahres.

(2) Die Buchführung besteht aus einem Buch.

(3) Das Grundbuch ordnet die Werteströme in zeitlicher Reihenfolge in Form von Buchungssätzen.

(4) Das Hauptbuch ist die sachliche Organisation aller Bestands- und Erfolgskonten der Geschäftsbuchführung.

(5) Ein Bestandskonto ist ein aus einer Einzelposition der Bilanz hergeleitetes Skonto.

(6) Ein Bestandskonto wird in Staffelform geführt.

Die Bestandskonten

(7) Anfangsbestände auf aktiven Bestandskonten werden auf der Sollseite gebucht. ☐

(8) Abgänge auf passiven Bestandskonten werden auf der Sollseite gebucht. ☐

(9) Zugänge auf aktiven Bestandskonten werden im Haben gebucht. ☐

(10) Zugänge auf passiven Bestandskonten werden im Haben gebucht. ☐

(11) Die Sollseite auf einem Konto ist die rechte Seite. ☐

Aufgabe 250

Wie lauten die Buchungssätze?

a) Auf dem Bankkonto geht für ein auf Rechnung verkauftes Produkt eine Zahlung ein.

b) Ein Darlehen wird durch Banküberweisung getilgt.

c) Für die Kasse wird ein Geldbetrag vom Bankkonto abgehoben.

d) Für den Verkauf eines Pkw gehen 1 000,00 € auf dem Bankkonto ein.

e) Ein Unternehmen nimmt ein Darlehen auf. Der Betrag wird auf das Bankkonto überwiesen.

f) Ein Unternehmen zahlt Bareinnahmen bei seiner Bank ein.

g) Ein Unternehmen bezahlt eine Liefererrechnung.

h) Ein Unternehmen kauft einen neuen Firmen-Pkw.

Aufgabe 251

Welches der folgenden Konten ist ein aktives Bestandskonto?

(1) Büro- und Geschäftsausstattung
(2) Löhne und Gehälter
(3) Verbindlichkeiten aus Lieferungen und Leistungen
(4) Wareneingang (Aufwendungen für Ware)
(5) Eigenkapital

Aufgabe 252

Welches der unten aufgeführten Konten ist ein passives Bestandskonto?

(1) Forderungen aus Lieferungen und Leistungen
(2) Gewerbesteuer
(3) Zinsaufwendung
(4) Grundstücke und Gebäude
(5) Verbindlichkeiten

25 Ablauf der Buchführung

Aufgabe 253

Vervollständigen Sie den folgenden Text um die Begriffe:

> Aktiva – Belegnummer – Buchungsnummer – Gewinn – Grundbuch – Journal – Kontenklasse – Kontenplan – Kontenrahmen – Kontierung – ordnungsgemäßer – organisiert – sachlichen – vierstellige – zeitlicher

Selbst bei Kleinunternehmen fallen pro Kalenderjahr viele Tausende Buchungen an. Um bei diesen umfangreichen Informationen und Daten einen Überblick zu behalten, ist es wichtig, dass die Buchführung gut _____ ist.

Gemäß den Grundsätzen _____ Buchführung erfolgt die Organisation der Buchführung auf zwei Arten. Zunächst einmal werden die Buchungen in _____ (chronologischer) Reihenfolge geordnet. Dies erfolgt, indem alle Belege nach dem Datum sortiert und fortlaufend nummeriert im sogenannten _____ festgehalten werden. Dieses wird auch als _____ bezeichnet. Hier findet man folgende Information:

⇢ fortlaufende _____
⇢ Verweis zu dem Beleg: _____
⇢ Buchungstext (kurze Beschreibung des Geschäftsfall)

_____ mit entsprechenden Beträgen (Angabe der Konten mit den dazugehörigen Beträgen).

Die Buchführung unterliegt zudem einer _____ Organisation. Diese erfolgt auf Konten im Hauptbuch. Durch Abschluss der einzelnen Konten lassen sich der _____ oder Verlust sowie die Bilanz ermitteln.

Grundlage des Hauptbuchs ist der _____. Dies ist ein Verzeichnis aller Konten, die in einem Unternehmen benötigt werden können. Die konten sind sachlich sortiert. Die Sortierung erfolgt in _____, Passiva, Erträge und Aufwendungen, Ergebnisrechnung sowie Kosten- und Leistungsrechnung. Der Kontenrahmen weist jedem Konto eine _____ eindeutige Nummer zu. Die Nummerierung der Konten erfolgt nach Zugehörigkeit zu einer _____. Aus dem Kontenrahmen erstellt dann jedes Unternehmen seinen speziellen auf das Unternehmen abgestimmten _____. Dieser ist das Verzeichnis der in der Buchführung eines Unternehmens tatsächlich verwendeten Konten. Er enthält in der Regel weniger Konten als der Kontenrahmen, da nicht in jedem Unternehmen sämtliche Konten des Kontenrahmens benötigt werden.

Aufgabe 254

Was bezeichnet der Begriff „Kontenrahmen"?

(1) Es ist der Organisations- und Gliederungsplan der Buchführungskonten. In ihm werden die Konten grundlegend systematisch geordnet.

(2) Er stellt die tatsächliche, konkrete, betriebsspezifische Kontenorganisation dar.
(3) Der Begriff bezeichnet das Fenster in der Buchhaltungsabteilung.
(4) Der Kontenrahmen bezeichnet das höchste Limit eines Bankkontos.
(5) Im Kontenrahmen werden nur die Buchungen erfasst, die die Bezugskonten betreffen.

26 Erfolgskonten

Aufgabe 255

Welche der folgenden Aussagen sind richtig (r) und welche falsch (f)?

(1) Es gibt drei Arten von Erfolgskonten.

(2) Erträge wirken sich positiv auf das Eigenkapital aus.

(3) Aufwendungen verringern den Gewinn.

(4) Erfolgskonten sind Unterkonten des Kapitalkontos.

(5) Erträge werden im Soll gebucht.

(6) Aufwendungen werden im Soll gebucht.

(7) Mehrungen im Eigenkapital stehen im Soll.

(8) Ein Verlust steht im Gewinn- und Verlustkonto im Haben.

(9) Der Saldo in einem Aufwandskonto steht im Haben.

(10) Gewinne oder Verluste im Gewinn- und Verlustkonto werden auf das Konto Eigenkapital übertragen.

Aufgabe 256

Welche der folgenden Konten gehören zur Gruppe der Erfolgskonten?

(1) Bank
(2) Warenverkauf (Umsatzerlöse)
(3) Darlehen
(4) Hilfsstoffe
(5) Gehälter

27 Warenbuchungen

Aufgabe 257

Über welches Konto wird immer die Bestandsveränderung abgeschlossen?

(1) Umsatzsteuer
(2) Vorsteuer
(3) Umsatzerlöse
(4) Aufwendungen für Waren
(5) Betriebs- und Geschäftsausstattung

Aufgabe 258

Welche Aussagen sind richtig?

(1) Das Konto Umsatzerlöse ist ein Bestandskonto.
(2) Das Konto Warenbestand nimmt den Anfangs- und Endbestand von Waren auf.
(3) Aufwendungen für Ware und Umsatzerlöse werden über das Gewinn- und Verlustkonto abgeschlossen.
(4) Eine Bestandsmehrung liegt vor, wenn der Anfangsbestand an Waren größer ist als der Endbestand.

28 Grundsätze ordnungsgemäßer Buchführung

Aufgabe 259

Ordnen Sie den wichtigen Begriffen bzw. Aussagen des Rechnungswesens a) bis j) die entsprechenden Erklärungen 1 bis 10 zu.

a) keine Buchung ohne Beleg
b) Dokumentationsfunktion
c) Ordnungsfunktion
d) Beweisfunktion
e) Eigenbelege
f) Fremdbelege
g) Ersatzbelege
h) Güterstrom
i) Geldstrom
j) Geschäftsfall

B   Geschäftsprozesse im E-Commerce

(1) Belege, die vom eigenen Unternehmen erstellt werden

(2) Vorgang, bei dem in irgendeiner Weise die Werte oder das Vermögen eines Unternehmens verändert werden

(3) Wertestrom, bei dem Gelder fließen

(4) Diese Belege werden ausgestellt, wenn ein Fremdbeleg nicht zu erhalten ist.

(5) wichtiger Grundsatz ordnungsgemäßer Buchführung

(6) Wertestrom, bei dem Produkte und Dienstleistungen ausgetauscht werden

(7) Durch Belege werden alle vermögenswirksamen Geschäftsfälle schriftlich festgehalten.

(8) Mithilfe von Belegen werden Unternehmen gut organisiert und gegliedert.

(9) Belege dienen häufig als Beweise bei strittigen Geschäftsfeldern zwischen verschiedenen Geschäftsverteilung.

(10) Belege, die von betriebsfremden Personen bzw. fremden Unternehmen erstellt werden

Aufgabe 260

Welche Aussagen sind richtig (r) und welche falsch (f)?

(1) Geschäftsprozesse verursachen keine Kosten.

(2) Geschäftsprozesse leisten keinen Beitrag zur Wertschöpfung des Unternehmens.

(3) Geschäftsprozesse leiten sich aus den Unternehmenszielen ab.

(4) Geschäftsprozesse sind konsequent an Kundinnen und Kunden ausgerichtet.

(5) Ziel von Geschäftsprozessen ist es, den größtmöglichen Nutzen für Lieferanten zu erreichen.

(6) Prozessorientierung bedeutet, dass man Intransparenz von Geschäftsvorgängen anstrebt.

(7) Die bisherige funktionsorientierte Arbeitsteilung wird aufgehoben. ☐

(8) Kernprozesse erbringen die Hauptleistung eines Unternehmens. ☐

(9) Bei Unterstützungsprozessen liegt eine direkte Schnittstelle zu Kundinnen und Kunden vor. ☐

29 Eröffnungsbilanzkonto und Schlussbilanzkonto

Aufgabe 261
Wodurch unterscheiden sich Eröffnungsbilanzkonto (EBK) und Eröffnungsbilanz?

Aufgabe 262
Unterscheiden Sie Schlussbilanz und Schlussbilanzkonto (SBK).

30 Die Umsatzsteuer

Aufgabe 263
Was bezeichnet der Begriff „Brutto-Rechnungsbetrag"?

(1) Der Brutto-Rechnungsbetrag bezeichnet den vollständigen Rechnungsbetrag inklusive Umsatzsteuer.
(2) Der Brutto-Rechnungsbetrag bezeichnet den vollständigen Rechnungsbetrag vor Addition der Umsatzsteuer.
(3) Der Brutto-Rechnungsbetrag ist ein anderer Begriff für Ist-Bestände.
(4) Der Brutto-Rechnungsbetrag ist ein anderer Begriff für Soll-Bestände.
(5) Mit dem Brutto-Rechnungsbetrag wird die Kostenstruktur eines Unternehmens optimiert.

Aufgabe 264
Wie wird die Umsatzsteuerzahllast ermittelt?

(1) Die Umsatzsteuerforderungen aus den Eingangsrechnungen und die Vorsteuerverbindlichkeiten aus den Ausgangsrechnungen werden gegeneinander aufgerechnet.

(2) Die Vorsteuerforderungen aus den Eingangsrechnungen und die Umsatzsteuerverbindlichkeiten aus den Ausgangsrechnungen werden gegeneinander aufgerechnet.
(3) Sie stellt die Forderungen und kurzfristigen Verbindlichkeiten gegenüber. Der Saldo bezeichnet, wenn für das eigene Unternehmen negativ, den an die Lieferer zu zahlenden Betrag.
(4) Die Umsatzsteuerzahllast wird in den Allgemeinen Geschäftsbedingungen aufgeführt und dort abgelesen.
(5) Es wird die Gesamtheit der in einem Großhandelsunternehmen regelmäßig zum Verkauf angebotenen Artikel ermittelt.

Aufgabe 265

Was versteht man unter der Passivierung der Zahllast?

Aufgabe 266

Am Ende des Jahres muss bei der Spindler KG eine Passivierung der Zahllast erfolgen. Wie lautet der Buchungssatz?

(1) GuV
(2) Wareneingang
(3) Umsatzsteuer
(4) SBK
(5) Vorsteuer

Aufgabe 267

Wie hoch ist der ermäßigte Umsatzsteuersatz?

(1) 6 %
(2) 7 %
(3) 19 %
(4) 16 %
(5) 5 %

Aufgabe 268

Für welches der folgenden Produkte gilt der ermäßigte Umsatzsteuersatz?

(1) Möbel
(2) Tabakwaren
(3) Elektronikartikel
(4) Spielzeug
(5) Lebensmittel

31 Die Kostenartenrechnung

Aufgabe 269

Ordnen Sie den Situationen 1 bis 18 die folgenden Begriffe a) bis h) zu.

a) Einzahlung
b) Einnahme
c) Ertrag
d) Leistung
e) Auszahlung
f) Ausgabe
g) Aufwand
h) Kosten

(1) Ein Kunde der Nörten GmbH begleicht seine Rechnung in Höhe von 10 000,00 €.

(2) Barverkauf einer Ware auf einer Messe

(3) Verkauf von Waren auf Ziel durch die Nörten GmbH

(4) Die Nörten GmbH begleicht eine Verbindlichkeit in Höhe von 20 000,00 € per Banküberweisung.

(5) Barkauf auf einer Messe

(6) Einkauf von Waren auf Ziel durch die Nörten GmbH

(7) Die Nörten GmbH verkauft Regale zum Buchwert von 2 500,00 €.

(8) Die Nörten GmbH kauft einen neuen Lkw für 67 000,00 €.

(9) Ein Firmen-PKW mit dem Buchwert von 3 000,00 € wird für 5 000,00 € verkauft.

(10) Die Nörten GmbH kauft für die Herstellung personalisierter (durch entsprechenden Aufdruck) T-Shirts 100 unbedruckte Exemplare und verbraucht sie im gleichen Jahr.

(11) Die Nörten GmbH bedruckt T-Shirts und nimmt sie auf Lager (verkauft werden sie im nächsten Jahr).

(12) Die Nörten GmbH schreibt ein Gebäude planmäßig ab.

(13) Einem Kunden der Nörten GmbH werden Verzugszinsen in Rechnung gestellt.

(14) Die Nörten GmbH spendet für die Opfer einer Hochwasserkatastrophe.

(15) Die Nörten GmbH produziert Textilien und verkauft diese auch.

(16) Die Nörten GmbH versichert die Warenvorräte.

(17) Differenzen bei der unterschiedlichen Bewertung der Vorräte zwischen Geschäftsbuchführung und Kosten- und Leistungsrechnung.

(18) In der Nörten GmbH wird der Unternehmerlohn für Herrn Spitzern, der im Unternehmen mitarbeitet, einkalkuliert.

Aufgabe 270

Für die Exclusiva GmbH wurde die folgende GuV-Rechnung erstellt.

S	Gewinn- und Verlustkonto		H
Roh-, Hilfs- und Betriebsstoffe	133.000,00	Umsatzerlöse	312.000,00
Löhne	60.000,00	Mieterträge	12.600,00
Soziale Abgaben	23.000,00	Zinserträge	9.000,00
Abschreibungen auf Sachanlagen	20.500,00		
Werbung	20.000,00		
Versicherungen	8.000,00		
Gewinn	69.100,00		
	333.600,00		333.600,00

Nachfolgende Angaben aus der Finanzbuchhaltung liegen vor:

⇢ Kalkulatorischer Unternehmerlohn: 50.000,00 €
⇢ Kalkulatorische Abschreibungen: 12.000,00 €
⇢ In dem Betrag der Werbung sind 5.000,00 € außerplanmäßig angefallen.

Erstellen Sie eine Ergebnistabelle, nehmen Sie die kostenrechnerischen Korrekturen vor und berechnen Sie das Betriebsergebnis.

Aufgabe 271

Definieren Sie die folgenden Begriffe:

a) Gemeinkosten
b) progressive Kosten
c) Einzelkosten
d) fixe Kosten
e) proportionale Kosten
f) variable Kosten
g) sprungfixe Kosten
h) Gesetz der Massenproduktion
i) Grundkosten
j) kalkulatorische Kosten

32 Kostenstellenrechnung und Kostenträgerrechnung

Aufgabe 272

Vervollständigen Sie den Text um die Begriffe:

> Verwaltung – Kostensteigerung – Nebenkostenstellen – Einheiten – Unternehmung – Verantwortungsträger – Gemeinkosten – kostet – Betriebsabrechnungsbogen – Hauptkostenstellen – Leistungseinheit – unwirtschaftliche – BAB – Zuschlagssätze – Kostenträger – Verursachungsbereichen – Kostenstelle – Kostenstellenplan – Verwaltung – Prozentsatz – direkte – Vertrieb – Kostenverursachung – Funktionsbereichen

Die Kostenstellenrechnung übernimmt die Aufgabe, die Kosten so zu erfassen, dass sie jeder _____ eines Unternehmens (= Kostenstelle) zugeordnet werden können. Sie ordnet die Kosten also ihren _____ zu. Die Kostenstellenrechnung identifiziert also wirtschaftliche bzw. _____ Bereiche des Betriebsprozesses.

Im Rahmen der Kostenstellenrechnung wird das Unternehmen in

kleine _____ – meistens sind diese Organisationseinheiten der _____ – zerlegt. Diesen werden den dort verursachten Kosten zugeordnet. Mit den ermittelten Kosten kann die betriebliche Tätigkeit kontrolliert werden. Wird beispielsweise eine _____ bei einer Kostenstelle festgestellt, muss der für die Kostenstelle _____ Maßnahmen ergreifen.

Unterschieden werden zunächst einmal zwei Arten von Kostenstellen.

→ Bei den _____ erfolgt die eigentliche betriebliche Tätigkeit, nämlich die _____ Leistungserstellung.
→ Die _____ unterstützen die Hauptkostenstellen bei der Erzeugung von deren Leistungen.

In vielen Unternehmen wird für die verwendeten Kostenstellen ein _____ geführt.

Die Kostenstellen werden sehr oft nach den _____ eingeteilt.
→ Material
→ Fertigung
→ _____
→ _____

Auf diese Kostenstellen werden die _____ (= Kosten, die keiner Kostenstelle bzw. keinem Kostenträger direkt zugeordnet werden) umgelegt. Gemeinkosten sind also Kosten, die unbedingt nötig sind, um ein Produkt zu erstellen, können aber diesem _____ nicht direkt zugeordnet werden. Gemeinkosten sind oft Kosten, die mit der _____, Kontrolle und Steuerung des Unternehmens zu tun haben.

Das wichtigste Instrument der Kostenstellenrechnung ist der _____. Dieser wird oft mit _____ abgekürzt. Er hilft bei der Lösung eines der größten Probleme der Kostenrechnung. Er schlüsselt nämlich die Kostenarten, die sich auf mehrere Leistungen beziehen, entsprechend ihrer _____ auf. Er stellt eine Tabelle für die interne Kostenverrechnung dar, mit der die _____ für die Selbstkostenkalkulation gebildet werden können.

Zusammengefasst mit anderen Worten. In tabellarischer Form werden die auf jede _____ entfallenden Gemeinkosten als _____ den in der Kostenstelle verursachten Einzelkosten zugeschlagen. Mit den ermittelten Gemeinkostenzuschlägen können später in der Kostenträgerrechnung Information darüber gewonnen werden, wie viel das Produkt _____.

Aufgabe 273

Vervollständigen Sie den Text um die Begriffe:

betriebswirtschaftlicher – Teilkostenrechnung – Verkaufspreis – Betriebsgewinn – Deckungsbeitrag – Erfolg – fixen – Fixkosten – Kostenträgern – Kostenträgerrechnung – Periode – Preisuntergrenze – Produkt – Selbstkosten – Stück – variablen – Verkaufserlösen – Vollkostenrechnung – wirtschaftlich

Die Kostenträgerrechnung ist die Methode der Kosten- und Leistungsrechnung, die insgesamt den größten Beitrag zur Steuerung von Unternehmen liefert. Sie ermittelt, für welches _____ in welcher Höhe Kosten angefallen sind. Sie ermittelt also den _____ des Kostenträgers. Unter _____ versteht man die Leistungen, deren Erstellung die Kosten verursacht hat.

Es gibt zwei grundlegende Arten der _____. Beide Arten ermitteln, in welcher Höhe Kosten für einen Kostenträger (zum Beispiel ein Produkt) entstanden sind.

Bei der _____ werden alle Kosten (sowohl die _____ als auch die variablen) auf die Produkte umgelegt. Diese Art der

B Geschäftsprozesse im E-Commerce

Kostenträgerrechnung dient der Ermittlung der _____ im Rahmen der Verkaufskalkulation.

Im Rahmen der _____ werden nur Teile der Gesamtkosten (in der Regel nur die _____ Kosten) auf die Produkte umgelegt. Diese Art der Kostenträgerrechnung dient der Unterstützung _____ Entscheidungen. Sie ermittelt zum Beispiel den Deckungsbeitrag. Dies ist der Betrag, mit dem einzelne Artikel oder Warengruppen eines Sortiments zur Deckung der _____ beitragen.

Die Deckungsbeitragsrechnung hat drei Grundideen:

⇢ Ein _____ sollte mindestens die variablen Kosten des Produkts abdecken.
⇢ Über die variablen Kosten hinausgehende Beträge liefern einen Beitrag (= _____) zur Abdeckung der Fixkosten.
⇢ Ist der Deckungsbeitrag größer als die fixen Kosten, wird ein _____ erzielt.

Um die Deckungsbeiträge für die einzelnen Artikel, Warenarten und Warengruppen zu ermitteln, werden von den _____ der Artikel die jeweils durch sie verursachten variablen Kosten abgezogen. Die Deckungsbeiträge können je _____ oder für eine _____ ermittelt werden.

Im Rahmen der Deckungsbeitragsrechnung – als Teilbereich der Teilkostenrechnung – wird oft auch die sogenannte _____ ermittelt. Bis zu dieser ist eine Preissenkung für das Unternehmen möglich und _____ sinnvoll. Sie liegt dort, wo der Verkaufspreis sämtliche durch diesen Artikel direkt verursachten Kosten deckt.

Aufgabe 274

Die Exklusiva GmbH hat kürzlich ihre Finanzabteilung neu strukturiert. Dabei wurde besonderer Fokus auf die Optimierung der internen Kostenrechnung gelegt. Im Zuge dieser Neuausrichtung wurden die Mitarbeiter gebeten, ihr Wissen über die Kostenträgerrechnung zu überprüfen.

Ermitteln Sie, welcher Sachverhalt korrekt die Kostenträgerrechnung beschreibt.

(1) Bei der Vollkostenrechnung erfolgt eine Unterscheidung der Kosten in fixe und variable Komponenten.

(2) Die Kostenträgerrechnung wird grundsätzlich immer als Vollkostenrechnung durchgeführt.

(3) Die Deckungsbeitragsrechnung stellt eine spezielle Form der Vollkostenrechnung dar.

(4) Die Kostenträgerrechnung kann sowohl als Vollkostenrechnung als auch als Teilkostenrechnung ausgeführt werden.

(5) Die Vollkostenrechnung beinhaltet eine umfassende Kostenkontrolle innerhalb des Unternehmens.(

Aufgabe 275

Welcher Nachteil ergibt sich in der Vollkostenrechnung?

(1) Die Handlungskosten (Gemeinkosten) werden den Kostenträgern nicht verursachungsgerecht zugeordnet.
(2) Fixe Kosten werden nicht dazugerechnet.
(3) Variable Kosten werden vernachlässigt.
(4) Der Beschäftigungsgrad des Betriebes wird hier mit einkalkuliert.
(5) Mit der Vollkostenrechnung wird der erwartete Gewinn/Verlust tatsächlich berechnet.

Aufgabe 276

Wie wird der Deckungsbeitrag errechnet?

(1) Verkaufspreis / variable Kosten
(2) Verkaufspreis + Fixkosten
(3) Einkaufspreis / variable Kosten
(4) Verkaufspreis / Fixkosten
(5) Verkaufspreis + variable Kosten

Aufgabe 277

Wo liegt der Break-Even-Point?

(1) in der Verlustzone
(2) in der Gewinnzone
(3) im Schnittpunkt der Erlös- und Kostenfunktion
(4) in der neutralen Zone
(5) im Schnittpunkt zwischen Deckungsbeitrag und Kostenfunktion

Aufgabe 278

Wie wird der Break-Even-Point rechnerisch ermittelt?

(1) Erlös = tatsächlicher Kostenverlauf
(2) Erlös = verrechnete Kostenkurve der Vollkostenrechnungen
(3) tatsächlicher Kostenverlauf = verrechnete Kostenkurve der Vollkostenrechnungen
(4) Fixkosten = Erlös
(5) Fixkosten = tatsächlicher Kostenverlauf

Aufgabe 279

Geben Sie an, welche Aussage auf den Break-Even-Point zutrifft.

(1) Der Break-Even-Point markiert den Startpunkt für die Berechnung des Angebotspreises.
(2) Der Break-Even-Point ist der Zeitpunkt, ab dem ein Artikel beginnt, Verluste zu generieren.
(3) Der Break-Even-Point zeigt den Zeitpunkt an, zu dem alle variablen Kosten eines Artikels gedeckt sind.
(4) Break-Even-Point markiert den Zeitpunkt, zu dem alle fixen Kosten eines Artikels gedeckt sind.
(5) Der Break-Even-Point zeigt den Zeitpunkt, zu dem alle Kosten eines Artikels gedeckt sind.

Aufgabe 280

Was versteht man unter einem Deckungsbeitrag?

(1) die Differenz zwischen den Verkaufserlösen und den variablen Kosten einer Kostenstelle
(2) die Differenz zwischen den Verkaufserlösen und den fixen Kosten eines Kostenträgers

(3) die Differenz zwischen den Verkaufserlösen und den variablen Kosten eines Kostenträgers
(4) Beitrag des Gewinns
(5) Summe für vorhergesehene Ausgaben eines Betriebes

Aufgabe 281

Die Indus GmbH *hat folgende Werte* der Kostenrechnung entnommen:
- Fixkosten = 16 000,00 €
- Variable Kosten = 2,40 €
- Verkaufspreis = 5,00 €

Sie möchte nun verschiedene Kennzahlen für einen bestimmten Artikel berechnen. Ermitteln Sie
a) den Deckungsbeitrag
b) den Break-Even-Point

Aufgabe 282

Nachdem Sie die Finanzanalyse für die Fahrradhelme abgeschlossen haben, besprechen Sie mit einem Kollegen das Betriebsergebnis dieser Produktkategorie. Im letzten Quartal belief sich das Betriebsergebnis der Kategorie auf 43.200,00 €, wobei Fixkosten in Höhe von 39.750,00 € angefallen sind.
Ermitteln Sie rechnerisch nachvollziehbar den Deckungsbeitrag für die Fahrradhelme.

Aufgabe 283

Erläutern Sie die Bedeutung der Berechnung von Preisuntergrenzen.

Aufgabe 284

Die Indus GmbH möchte demnächst 20 000 Stück eines bestimmten Artikels verkaufen. Aus der Kostenrechnung liegen folgende Daten vor:
- Einkaufskosten (variable Kosten): 100 000,00 €
- Transportkosten (variable Kosten): 12 000,00 €
- Vertriebskosten (variable Kosten): 30 000,00 €
- Verwaltungskosten (Fixkosten): 20 000,00 €
- Gehaltskosten (Fixkosten): 80 000,00 €

Erechnen Sie die Preisuntergrenzen.

33 Das Controlling

Aufgabe 285

Ordnen Sie die Bereiche a) bis f) jeweils einen Baustein 1 bis 6 des Controlling-Berichtswesens zu.

Bereich Baustein des Controllings:

a) Kostenbereich
b) Personalbereich
c) Lagerbereich
d) Absatzbereich
e) Erfolgsbereich
f) Finanzbereich

Bausteine:

(1) Kapazitätsauslastung

(2) Lohn- und Gehaltskosten

(3) Betriebsergebnisrechnung

(4) Liquidität

(5) fixe Kosten

(6) Gesamtumsatz

Aufgabe 286

Welche Aussage über das Controlling ist richtig?

(1) Die Zielvorgabe des operativen Controllings ist die Erhöhung der Rentabilität.
(2) Controlling-Abteilungen besitzen kein fachliches Weisungsrecht.
(3) Die Aufgabe des Controllers ist es, die Zielvorgaben zu realisieren.
(4) Die Kostenstellenleiter haben Preis- und Verbrauchsabweichungen zu verantworten.
(5) Die Geschäftsführung muss das Budget der einzelnen Kostenstellen festlegen.

Das Controlling

Aufgabe 287

Was zählt nicht zum strategischen Controlling?

(1) Der Betrachtungszeitraum ist langfristig.
(2) Die Informationsgrundlagen sind Daten aus der Kosten- und Leistungsrechnung.
(3) Das Ziel ist die Zukunftssicherung des Unternehmens.
(4) Die Informationsgrundlagen sind u. a. gesellschaftliche, politische und wirtschaftliche Daten über die Entwicklung der Zukunft.

Aufgabe 288

Was drücken die Liquiditätskennzahlen aus?

(1) Sie drücken die Schulden aus, die in der Bilanzerstellung auftreten.
(2) Sie erhöhen die Werte des Anlagevermögens.
(3) Sie drücken den über das Jahr erwirtschafteten Gewinn in der Bilanz aus.
(4) Sie drücken die grundsätzliche Zahlungsbereitschaft des Unternehmens zum Zeitpunkt der Bilanzerstellung aus.
(5) Sie drücken aus, wie das Eigenkapital im Unternehmen auf das Vermögen und die Schulden aufgeteilt ist.

Aufgabe 289

Was sind KPIs?

Aufgabe 290

Erläutern Sie die Bedeutung der SWOT-Analyse für einen Webshop.

Aufgabe 291

Welche Begriffe verbergen sich hinter den folgenden Beschreibungen?

a) gibt die Anzahl der Betrachtungen einer Werbung auf einer Website an

b) Sollte es zu einem Kaufabschluss kommen, ist ein entsprechender Betrag zu zahlen.

B Geschäftsprozesse im E-Commerce

c) Grenze, ab der sich eine Werbemaßnahme finanziell gelohnt hat (die Erträge durch eine Maßnahme waren höher als dafür notwendigen Kosten)

d) Durch diese Zahl wird ermittelt, wie viele Personen auf ein Werbebanner geklickt und wie viele es ignoriert haben. Sie gibt nämlich das Verhältnis zwischen den Ad Clicks und den Ad Impressions wieder.

e) zählen die konkreten Klicks auf ein verlängertes Werbemittel (Beispiel Werbebanner oder Link in einer E-Mail)

f) angegeben wird das Verhältnis der Keywords zur Gesamtzahl der Wörter innerhalb eines Textes

Aufgabe 292
Was versteht man unter Web Analytics?

Aufgabe 293
Erläutern Sie kurz die Bedeutung von Kundenwertanalysen.

Aufgabe 294
Führen Sie Verfahren der Wertermittlung auf.

Aufgabe 295
Erläutern Sie die
a) Eigenkapitalrentabilität
b) Gesamtkapitalrentabilität

Aufgabe 296
Als Mitarbeiter/-in im Controlling der Exclusiva GmbH haben Sie die Aufgabe, verschiedene Kennzahlen zu berechnen. Ihnen liegen hierzu die folgenden Daten zur Auswertung vor:

Gewinn	127.213,78 €	Bankguthaben	81.384,29 €
Eigenkapital	238.293,12 €	Kassenbestand	8.324,23 €
Umsatzerlöse	1.209.928,32 €	Forderungen aus Lieferungen und Leistungen	23.433,34 €
Warenbestände	374.983,56 €	Verbindlichkeiten aus Lieferungen und Leistungen	67.785,86 €

a) Berechnen Sie die Eigenkapitalrentabilität der Exclusiva GmbH.
b) Berechnen Sie die Umsatzrentabilität der Exclusiva GmbH.
c) Berechnen Sie die Liquidität 1. und 2. Grades.
d) Nennen Sie 2 Aspekte, welchen Zweck die berechneten Kennzahlen für Ihr Unternehmen dienen.

Aufgabe 297

Kreuzen Sie an, welche Beschreibung auf den Begriff Rentabilität zutrifft.

(1) Rentabilität bedeutet, die Optimierung des Sortiments durch Sortimentserweiterung.

(2) Rentabilität bedeutet, die effiziente Erweiterung des Kapitals des Unternehmens.

(3) Rentabilität bedeutet, die Abstimmung von Ökonomie und Ökologie.

(4) Rentabilität bedeutet, die Verzinsung des im Unternehmen eingesetzten Kapitals.

C

KUNDENKOMMUNIKATION IM E-COMMERCE

1 Der Lieferverzug

Aufgabe 298
Was ist ein Lieferverzug (Nicht-rechtzeitig-Lieferung)?

Aufgabe 299
Führen Sie Voraussetzungen für eine Nicht-rechtzeitig-Lieferung auf.

Aufgabe 300
Welche Rechte hat der Käufer beim Lieferverzug?

2 Kontrollen im Wareneingang

Aufgabe 301
Wann wird in der Warenannahme die Ware geprüft, wenn dies „unverzüglich" geschehen soll?

(1) sofort
(2) nächste Woche
(3) in den nächsten Stunden
(4) am nächsten Tag
(5) nächstmöglicher Zeitpunkt ohne schuldhafte Verzögerung

Aufgabe 302
Geben Sie die richtige Reihenfolge der Tätigkeiten bei der Warenkontrolle gegenüber dem Frachtführer an.

(1) Kontrolle von Anschrift, äußerer Beschaffenheit und Richtigkeit des Transportmittels ☐

(2) Abgleich der gelieferten Waren nach Menge und Art mit dem Lieferschein ☐

(3) Dokumentation der Mängel auf Lieferscheinen ☐

(4) Bestätigung der Mängel durch Anlieferer ☐

(5) Empfangsbestätigung und Quittung ☐

3 Die Schlechtleistung

Aufgabe 303

Erläutern Sie die folgenden Begriffe.

a) (analoge) Waren
b) digitale Produkte
c) Waren mit digitalen Elementen

Aufgabe 304

Eine Kaufsache hat keine Mängel, wenn sie drei Anforderungen gleichzeitig erfüllt:

→ subjektive Anforderungen
→ objektive Anforderungen
→ Montageanforderungen

Erläutern Sie diese Begriffe.

Aufgabe 305

Beurteilen Sie die folgende Aussage.

„Bemerkenswert ist, dass ein Kaufgegenstand also auch dann mangelhaft sein kann, wenn er der vereinbarten Beschaffenheit vollständig entspricht (und damit die subjektiven Anforderungen erfüllt). Dies wäre etwa der Fall, wenn die Beschaffenheit dem Vereinbarten entspricht, die Sache sich jedoch nicht für eine gewöhnliche Verwendung eignet (also nicht den objektiven Anforderungen entspricht)."

Aufgabe 306

Welcher Mangel liegt vor?

a) Carolin Saager kauft in einem Webshop einen Luxusstaubsauger. Im Kaufvertrag ist neben dem Kaufpreis nur festgelegt, dass es sich um das Modell XR 1200 in Rot handelt. Geliefert bekommt sie einen Staubsauger des Modells XC 600 in Gelb.
b) Nach einer Reklamation bekommt Carolin Saager endlich das Staubsaugermodell XR 1200 in Rot ausgeliefert. Sie probiert den

Staubsauger das erste Mal aus. Der Boden ist tatsächlich sauber. Ihr schmerzen aber die Ohren, weil der Staubsauger extrem laut war. Zweimal sprangen die Sicherungen raus, weil der in der Werbung mit „extrem energiesparend" beworbene Staubsauger anscheinend sehr viel Strom verbraucht.

Aufgabe 307
Was ist eine negative Beschaffenheitsvereinbarung?

Aufgabe 308
Erläutern Sie die Situation bei digitalen Mängeln.

Aufgabe 309
Welche Erscheinungsform eines Mangels liegt vor?

(1) Eigenschaften der Ware sind nach öffentlichen Äußerungen des Verkäufers nicht vorhanden.

(2) Bei diesem Mangel wird eine andere Ware als bestellt geliefert.

(3) Bei diesem Mangel verheimlicht der Verkäufer dem Käufer einen versteckten Mangel absichtlich.

(4) Beim Übergang der Ware ist für den Käufer deutlich erkennbar, dass die Ware einen Mangel hat.

(5) Die Ware ist zwar einwandfrei, erfüllt jedoch nicht vertraglich zugesicherte Eigenschaften.

(6) Dieser Mangel liegt vor, wenn die Ware fehlerhaft ist. Die Ware ist ganz oder teilweise beschädigt. Sie entspricht also nicht der vertraglich vereinbarten Beschaffenheit.

(7) Fehlt eine Montageanleitung oder hat diese Fehler, sodass

Die Schlechtleistung

es zu einer falschen Montage durch den Käufer kommt, gilt dies als Sachmangel.

(8) Dieser Mangel liegt vor, wenn Dritte im Hinblick auf die Ware Rechtsansprüche stellen können, ohne dass dies beim Kauf vereinbart wurde.

(9) Wird etwas unsachgemäß durch den Verkäufer montiert, liegt dieser Mangel vor.

(10) Hier liegt eine nicht vollständige Warenlieferung vor.

(11) Diese Mangelart liegt vor, wenn trotz einer gewissenhaften Überprüfung der Ware der Mangel zunächst nicht erkennbar ist.

Aufgabe 310

Wie sind die Rügefristen bei einem „zweiseitigen Handelskauf", wenn ein offener Mangel vorliegt?

(1) beim nächsten Einkauf
(2) beim nächsten Vertreterbesuch
(3) nach einer Woche
(4) unverzüglich
(5) keine Rügefrist

Aufgabe 311

Was versteht man unter einem „einseitigen Handelskauf"?

(1) Haftung erfolgt nach vorheriger Absprache nur von der Verkäuferin bzw. vom Verkäufer oder Käufer/-in (einseitig).
(2) Verkäufer/-in und Käufer/-in sind Privatleute.
(3) Verkäufer und Käufer sind Unternehmer (Kaufleute nach HGB).
(4) Der Verkäufer ist Unternehmer, die Käuferin/der Käufer ist eine Privatperson.
(5) Die Gefahr über Verlust, Beschädigung usw. der Ware trägt nur der Verkäufer/die Verkäuferin, der Käufer/die Käuferin ist davon befreit.

C Kundenkommunikation im E-Commerce

Aufgabe 312

Was muss bei einem „einseitigen Handelskauf" bei einem Verbrauchsgüterverkauf beachtet werden?

(1) Rügefrist beträgt 2 Jahre, nach 6 Monaten erfolgt eine Beweislastumkehr.
(2) keine Rügefrist
(3) Rügefrist beträgt 3 Jahre, nach 6 Monaten erfolgt eine Beweislastumkehr.
(4) Rügefrist beträgt 2 Jahre, keine Beweislastumkehr.
(5) keine Ansprüche bei Schlechtleistung

Aufgabe 313

Welche zwei vorrangigen Rechte haben die Käuferinnen und Käufer bei einer mangelhaften Lieferung?

(1) Nachbesserung
(2) Rücktritt vom Vertrag
(3) Minderung des Kaufpreises
(4) Schadenersatz neben Leistung
(5) Neulieferung

Aufgabe 314

Bei einer Weinlieferung wird in einer Lebensmittelgroßhandlung festgestellt, dass einige Kartons an der Unterseite durchnässt sind. Wie bezeichnet man diesen Mangel?

(1) versteckter (verdeckter) Mangel
(2) offener Mangel
(3) arglistig verschwiegener Mangel
(4) kein Mangel, da dies beim Transport passieren kann
(5) Rechtsmangel

Aufgabe 315

Geben Sie an, welche dieser Rechte zu den nachrangigen Rechten bei der mangelhaften Lieferung gehören (mehrere Antworten möglich).

(1) Nachbesserung
(2) Preisnachlass
(3) Rücktritt vom Vertrag
(4) Schadenersatz statt Leistung
(5) Schadenersatz für den Frachtführer
(6) Neulieferung

Aufgabe 316
Unterscheiden Sie (analoge) Waren, digitale Produkte und Waren mit digitalen Elementen.

Aufgabe 317
Führen Sie die Reklamationsfristen bei Schlechtleistung auf.

Aufgabe 318
Erläutern Sie, wann eine Kaufsache als mangelfrei gilt.

Aufgabe 319
Wann entspricht eine Kaufsache den objektiven Anforderungen?

Aufgabe 320
Erläutern Sie die Mängel bei digitalen Produkten.

Aufgabe 321
Erläutern Sie die negative Beschaffenheitsvereinbarung.

Aufgabe 322
Was ist die alternative Streitbeilegung?

Aufgabe 323
Erläutern Sie kurz die Onlinestreitbeilegung.

Aufgabe 324
Erläutern Sie kurz die Produkthaftung nach dem Produkthaftungsgesetz.

4 Die Bearbeitung von Reklamationen und Retouren

Aufgabe 325
Erläutern Sie die nachstehenden Begriffe:
a) Lieferschein
b) Retourenschein
c) Kommissionierung
d) Refurbishing

C Kundenkommunikation im E-Commerce

e) Umtausch
f) Garantie
g) Gewährleistung
h) Retourenquote
i) Stornoquote

Aufgabe 326

Sie planen die Implementierung eines Retourenportals für Ihr Unternehmen, das Kunden für Rücksendungen nutzen sollen. Nennen Sie zwei Vorteile eines Retourenportals für Unternehmen.

Aufgabe 327

Sie streben an, die Prozesse nach dem Eingang einer Rücksendung zur Verbesserung der Retourenabwicklung zu optimieren. Ordnen Sie die Prozessschritte nach ihrer chronologischen Reihenfolge.

(1) Prüfung der retournierten Ware
(2) Bestandsbuchung der Retoure (B-Ware, Neuware oder Entsorgung)
(3) Wiedereinlagerung
(4) Erfassung der Retoure (manuell, via Retourenportal, Retourenformular) und Kundeninformation über den Erhalt
(5) Bearbeitung der Retourendaten (Retourengrund)
(6) Gegebenenfalls Reparatur oder Entsorgung
(7) Rückmeldung an den Kunden und Aktion je nach Sachverhalt (Ersatzlieferung, Gutschrift, ggf. Wertminderung bei Kundenfehlverhalten)

Aufgabe 328

Was ist bei Kundenreklamationen zu beachten?

5 Der Annahmeverzug

Aufgabe 329

Was ist ein Annahmeverzug?

Aufgabe 330

Führen Sie Voraussetzungen für den Annahmeverzug auf.

Aufgabe 331

Welche Rechte hat der Verkäufer beim Annahmeverzug?

6 Der Zahlungsverzug

Aufgabe 332

Die Tom Bartels KG vermisst einen Zahlungseingang von Robert Menne, Herrenhäuserstr. 55, 30169 Hannover.

a) Welche Voraussetzungen müssen gegeben sein, damit Robert Menne sich im Zahlungsverzug befindet?
b) Welche Rechte kann die Tom Bartels KG bei einem Zahlungsverzug gegenüber Robert Menne geltend machen?

Aufgabe 333

Muss in den folgenden Fällen gemahnt werden?

(1) „zahlbar bis Ende Juli"
(2) „zahlbar sofort"
(3) „zahlbar bis zur 20. Kalenderwoche"

7 Mahnverfahren und Verjährung

Aufgabe 334

Was versteht man unter dem außergerichtlichen Mahnverfahren?

Aufgabe 335

Was geschieht, wenn der Schuldner beim gerichtlichen Mahnverfahren innerhalb von zwei Wochen dem Mahnbescheid des Gläubigers widerspricht?

(1) Der Gläubiger kann einen Vollstreckungsbescheid beantragen.
(2) Das strittige Verfahren wird vor Gericht durchgeführt.
(3) Der Gläubiger kann die Zwangsvollstreckung beantragen.
(4) Es geschieht nichts.
(5) Das Gericht zwingt den Schuldner zur Zahlung des Betrags.

Aufgabe 336

Welche Aussage trifft auf das gerichtliche Mahnverfahren zu?

(1) Das gerichtliche Mahnverfahren wird immer von einem Landgericht durchgeführt.
(2) Die Tom Hoss KG als Antragsteller muss dem zuständigen Gericht nachweisen, dass sein Anspruch zu Recht besteht.

(3) Wenn der Schuldner der Tom Hoss KG gegen den Mahnbescheid Widerspruch erhebt, kann die Tom Hoss KG die Zustellung eines Vollstreckungsbescheids beantragen.

(4) Wenn der Schuldner der Tom Hoss KG nichts gegen den Vollstreckungsbescheid unternimmt, kann eine Zwangsvollstreckung durchgeführt werden.

Aufgabe 337

Was versteht man unter dem Europäischen Zahlungsbefehl?

8 Kommunikation

Aufgabe 338

Ordnen Sie den folgenden Begriffen aus dem Bereich der Kommunikation a) bis i) die Beispiele 1 bis 10 zu.

a) aktives Zuhören
b) Appellebene
c) Beziehungsebene
d) Gefühle äußern
e) Ich-Botschaften
f) interkulturelle Besonderheiten beachten
g) Konventionen einhalten
h) Sachebene
i) WIN-WIN-Situation anstreben

(1) Antwort auf die Aussage „Das haben wir bisher immer anders gemacht." – „Lassen wir das Ganze so, wie wir es bisher immer gemacht haben!"

(2) Antwort auf die Aussage „Das haben wir bisher immer anders gemacht." – „Sie schon wieder. Sie wissen ja immer alles besser als ich!"

(3) Antwort auf die Aussage „Das haben wir bisher immer anders gemacht." – „Ich bin da sehr skeptisch, ob Ihr Vorschlag richtig ist. Das bezweifle ich!"

(4) Antwort auf die Aussage „Das haben wir bisher immer anders gemacht." – „Diese Arbeit wurde tatsächlich bisher anders erledigt!"

(5) Es werden Höflichkeitsregeln beachtet.

Kommunikation

(6) Beide Seiten sollten anstreben, dass sich alle im Vorteil fühlen.

(7) Man ist sich der Unterschiede im Kommunikationsverhalten von ausländischen Geschäftspartnern bewusst.

(8) Dem Gesprächspartner werden direkt die negativen oder positiven Stimmungen mitgeteilt.

(9) „Ja", „Mhm", „Aha"

(10) „Ich bevorzuge es, Sitzungen pünktlich anzufangen!"

Aufgabe 339

Welche der folgenden Aussagen zur Kommunikation mit Sprache ist richtig (r) und welche falsch (f)?

(1) Gesprächsstörer sind Äußerungen, die ein Gespräch negativ beeinflussen.

(2) Aktives Zuhören ist ein Gesprächsstörer.

(3) Killerphrasen sind pauschale und abwertende Angriffe in einer Diskussion oder in einem Verkaufsgespräch. Sie werden dann hervorgezogen, wenn Sachargumente fehlen, und sind nicht an der Sache orientiert.

(4) Mit langen und langatmigen Sätzen überzeugt man den Gesprächspartner/die Gesprächspartnerin.

(5) Substantivierte Sätze beleben ein Gespräch.

(6) Dem Gegenüber zuzustimmen, ist ein Gesprächsförderer.

(7) Ein passiver Satzaufbau gilt als Gesprächsstörer.

(8) „Das geht im Augenblick nicht!" ist eine Killerphrase.

(9) Ironische Bemerkungen sind Gesprächsstörer.

(10) Das Dämpfen von Erwartungen ist ein Gesprächsförderer.

(11) Überregelungen sind Gesprächsstörer.

Aufgabe 340

Welche der folgenden Aussagen zur Kommunikation mit Körpersprache ist richtig (r) und welche falsch (f)?

C Kundenkommunikation im E-Commerce

(1) Körpersprache verdeutlicht verbale Aussagen, kann in bestimmten Fällen diesen aber auch bewusst widersprechen. ☐

(2) Kommunikation in Gesprächen erfolgt zu 20 % nonverbal. ☐

(3) Eine eigene angemessene Körpersprache kann gezielt als Instrument in erfolgreichen Gesprächen eingesetzt werden. ☐

(4) Die Mimik besteht aus den Signalen von Armen und Händen. ☐

(5) Die Gestik besteht aus dem Gesichtsausdruck und dem Blickkontakt. ☐

(6) Ausdrucksbewegungen des Kopfes, des Oberkörpers und der Beine gehören zur Mimik. ☐

(7) Auch die Stimme ist Bestandteil der Körpersprache. ☐

(8) Zum körpersprachlichen Bestandteil Abstand zu anderen gehören die unterschiedlichen Distanzzonen, die ein Gesprächspartner einnehmen kann. ☐

(9) Tonfall, Lautstärke und Sprechtempo gehören zum körpersprachlichen Bestandteil „Stimme" ☐

(10) Körpersprachlich kann eine Aussage, die auf den ersten Blick ernst gemeint erscheint, durch Lächeln oder Augenzwinkern ins Gegenteil gewendet werden. ☐

(11) Die Intimzone beginnt ab etwa 4 m. ☐

Aufgabe 341

Bisher erfolgte ein bedeutender Teil der Kundeninteraktion bei der Exclusiva GmbH über E-Mail. Ein Blog über Kundenkommunikation deutet darauf hin, dass zukünftig vermehrt die Verwendung von Stimme in der digitalen Kundenkommunikation angestrebt wird.

Nennen Sie zwei Gründe, warum die Stimme in der Kundenkommunikation ein beliebtes Kommunikationsmittel ist.

Aufgabe 342

In bestimmten Fällen erfolgt die Kommunikation eines Webshops über Telefon.

Kommunikation

Erläutern Sie die Begriffe:

a) Inbound
b) Outbound
c) Hotline
d) Callcenter

Aufgabe 343

Führen Sie Regeln für eine erfolgreiche Gruppenarbeit auf.

Aufgabe 344

Erläutern Sie, wie es zu einer effizienten Teamarbeit kommen kann.

Aufgabe 345

Stellen Sie positive Auswirkungen von Konflikten negativen Folgen gegenüber.

Aufgabe 346

Erläutern Sie das Vorgehen in einem Konfliktfall.

Aufgabe 347

Welche der folgenden Aussagen ist richtig?

a) Diese Ebene vermittelt alle nötigen Daten und Fakten. Welche Ebene des 4-Ohren-Modells der Kommunikation ist gemeint?

   (1) Appellebene
   (2) Beziehungsebene
   (3) Sachebene
   (4) Selbstoffenbarungsebene

b) Verwendung von kurzen Ein-Wort-Rückmeldungen. Welche Kommunikationsregel wird hier angewandt?

   (1) Ich-Botschaften senden
   (2) Gefühle äußern
   (3) Fragen statt kritisieren
   (4) aktives Zuhören

c) Beide Gesprächspartner achten darauf, dass das Ergebnis einer Verhandlung für beide Seiten von Vorteil ist. Welche Kommunikationsregel wird hier angewandt?

(1) WIN-WIN-Situation
(2) Hochstatus
(3) Small Talk
(4) Tiefstatus

d) Diese Ebene gibt Hinweise, wie der Sprecher aktuell zum Empfänger steht. Welche Ebene des 4-Ohren-Modells der Kommunikation ist gemeint?

(1) Appellebene
(2) Beziehungsebene
(3) Sachebene
(4) Selbstoffenbarungsebene

e) Eine Person demonstriert durch das eigene Verhalten die eigene Überlegenheit und die Unterlegenheit der anderen Person. Was liegt vor?

(1) WIN-WIN-Situation
(2) Hochstatus
(3) Small Talk
(4) Tiefstatus

f) Auf dieser Ebene teilt der Sprecher etwas von sich mit. Welche Ebene des 4-Ohren-Modells der Kommunikation ist gemeint?

(1) Appellebene
(2) Beziehungsebene
(3) Sachebene
(4) Selbstoffenbarungsebene

g) Wann kann es zu keiner Kommunikationsstörung kommen?

(1) Sender/-in und Empfänger/-in berücksichtigen nicht alle Ebenen.
(2) Die Sender/-innen stellen nicht sicher, dass die Informationen, die sie geben, auch von Empfänger/-innen verstanden werden.

(3) Es werden alle Kommunikationsregeln beachtet.

(4) Die Empfänger/-innen nehmen eine Ebene stärker wahr, auf die die Sender/-innen gar nicht das Gewicht legen wollten.

h) Auf dieser Ebene will man die Empfänger/-innen veranlassen, etwas zu tun. Welche Ebene des 4-Ohren-Modells der Kommunikation ist gemeint?

(1) Appellebene

(2) Beziehungsebene

(3) Sachebene

(4) Selbstoffenbarungsebene

i) Dadurch wird ein Konflikt eher entschärft als durch eine direkt vorgetragene Kritik. Welche Kommunikationsregeln wird hier angewandt?

(1) Ich-Botschaften senden

(2) Gefühle äußern

(3) Fragen statt kritisieren

(4) aktives Zuhören

j) Eine Person vermeidet längeren Blickkontakt und hat einen gesenkten Blick. Was liegt vor?

(1) WIN-WIN-Situation

(2) Hochstatus

(3) Small Talk

(4) Tiefstatus

k) Man beginnt seine Aussagen nicht in Sätzen, die mit „Du" beginnen, sondern mit „Ich". Welche Kommunikationsregel wird hier angewandt?

(1) Ich-Botschaften senden

(2) Gefühle äußern

(3) Fragen statt kritisieren

(4) aktives Zuhören

C Kundenkommunikation im E-Commerce

Aufgabe 348
Erläutern Sie, wofür der Begriff FAQ steht und welche Arten es gibt.

Aufgabe 349
Die Exclusiva GmbH plant, eine FAQ-Seite auf ihrer Webseite einzurichten. Obwohl alle Mitarbeiter die Vorteile sehen, bleiben einige skeptisch.
Nennen Sie daher zwei Nachteile einer FAQ-Seite.

Aufgabe 350
Sie sind im Kundendienst der Exclusiva GmbH tätig. Ihr Team erhält täglich eine Vielzahl von Anfragen zu den gleichen Themen, wie Versandinformationen, Rückgaberechte und Produktdetails. Um die Effizienz zu steigern und die Kundenzufriedenheit zu erhöhen, überlegen Sie, eine FAQ-Seite auf der Unternehmenswebsite zu implementieren.
Nennen Sie zwei Vorteile einer FAQ-Seite für Kundinnen und Kunden.

Aufgabe 351
Nennen Sie mindestens vier Aspekte, die bei der Gestaltung einer FAQ-Seite beachtet werden sollten.

Aufgabe 352
Was sind Follow-up-Emails?

Aufgabe 353
Welche Aufgabe haben Chatangebote in Webshops?

Aufgabe 354
Welche Arten von Chatmöglichkeiten werden unterschieden?

Aufgabe 355
Erläutern Sie die folgende Methoden der Einwandbehandlung.
a) Offenbarungsmethode
b) Rückfragemethode
c) Ja-aber-Methode

d) Vorwegnahmemethode
e) Verzögerungsmethode
f) Bumerangmethode
g) Öffnungsmethode

Aufgabe 356
Erläutern Sie sowohl Feedbackgeber/-innen als auch Feedbacknehmer/-innen die Feedbackregeln.

D
WIRTSCHAFTS- UND SOZIALKUNDE

1 Unternehmensziele
Berufs- und Arbeitswelt

Aufgabe 357
Welche Aussage über das ökonomische Prinzip ist richtig?
1. Es wird versucht, alle vier Ziele des magischen Vierecks zu erreichen.
2. Es wird versucht, dass das Ausland keinen Einfluss auf die Volkswirtschaft hat.
3. Es wird angestrebt, den Geldstrom in der Volkswirtschaft gegenüber dem Güterstrom zu vergrößern.
4. Es wird versucht, vernünftig zu wirtschaften.

Aufgabe 358
Ein vorgegebenes Ziel soll mit möglichst geringen Mitteln erreicht werden. Welches Prinzip liegt vor?

Aufgabe 359
Eine Auszubildende bekommt den Auftrag, Kopierpapier einzukaufen. Welches Prinzip liegt vor?

Aufgabe 360
Für insgesamt 1 000,00 € soll eine Auszubildende möglichst viele Bleistifte kaufen. Welches Prinzip liegt vor?

Aufgabe 361
Führen Sie mindestens vier Unternehmensziele auf.

2 Rechtsformen

Aufgabe 362

Was trifft auf eine offene Handelsgesellschaft zu?

(1) Mindestens zwei Personen stellen Eigenkapital zur Verfügung.
(2) Der Gesellschafter der OHG heißt Komplementär.
(3) Die OHG handelt durch die Geschäftsführung.
(4) Unternehmensleitung und Mitgliedschaft in der offenen Handelsgesellschaft sind grundsätzlich getrennt.
(5) Die OHG hat ein Grundkapital von 25 000,00 €.

Aufgabe 363

In einer Rechtsform gibt es ein Mindestkapital von 25 000,00 €, das Stammkapital genannt wird. In einer Sonderform benötigt man als Gesellschafter sogar gar kein Kapital. Welche Rechtsform liegt vor?

(1) Einzelunternehmen
(2) OHG
(3) KG
(4) GmbH
(5) Aktiengesellschaft

Aufgabe 364

In welcher Rechtsform tritt eine Kapitalgesellschaft als Komplementär auf?

(1) KG
(2) OHG
(3) stille Gesellschaft
(4) GmbH & Co. KG
(5) KGaA

Aufgabe 365

Finden Sie die passenden Begriffe zu den Erläuterungen.

a) Entstehen immer dann, wenn sich mindestens 2 Personen zur Erreichung eines genau bestimmten Zwecks zusammenschließen.

D Wirtschafts- und Sozialkunde

b) Hier stehen die persönliche Mitarbeit und Haftung der Unternehmer im Vordergrund.

c) Das Verlustrisiko eines Teilhabers ist maximal auf seinen Anteil beschränkt.

d) Selbsthilfeorganisation, die auf der Solidarität der Mitglieder beruht

e) ein Unternehmen, dessen Eigenkapital von einer Person aufgebracht wird, die persönlich haftet

f) Rechtsform, von mindestens 2 Personen gegründet, die alle persönlich haften

g) Rechtsform, von mindestens 2 Personen gegründet, von denen mindestens eine persönlich haftet, die andere nicht

h) juristische Person mit Stammkapital

i) Unternehmen mit einem Vorstand

j) Personengesellschaft mit einer GmbH als Komplementär

Aufgabe 366

Geben Sie für die folgenden Rechtsformen

→ Einzelunternehmung
→ offene Handelsgesellschaft
→ Kommanditgesellschaft
→ Gesellschaft mit beschränkter Haftung
→ Aktiengesellschaft

jeweils an:
a) die Mindestgründeranzahl
b) das Mindestkapital

c) die Haftungsregelung
d) die Geschäftsführungsregelung
e) die Gewinnverteilung
f) die Art der Handelsregistereintragung

Aufgabe 367

Das Unternehmen CAN GmbH mit Sitz in Hannover ist eine Kapitalgesellschaft und im Handelsregister eingetragen. Geben Sie an, wo das entsprechende Handelsregister für die CAN GmbH geführt wird.

(1) Bei der Industrie- und Handelskammer in Hannover

(2) Beim Amtsgericht in Hannover

(3) Beim Arbeitsgericht Niedersachsen

(4) Beim Bundesverwaltungsgericht in Hannover

(5) Bei der Bundeshandelskammer in Berlin

3 Die Aufbauorganisation

Aufgabe 368

Auf welches Weisungssystem trifft die folgende Anmerkung zu? „Der Vorteil dieses Leitungssystems liegt in den klaren Verantwortungsbereichen. Es gibt eine eindeutige Regelung der Weisungszuständigkeit. Als Nachteil gilt die starke Belastung der oberen Leitungsebenen, bei der alle Entscheidungen von Vorgesetzten getroffen werden müssen. Durch die langen Dienstwege ist dieses System für Anordnungen und Meldungen sehr schwerfällig."

(1) Einliniensystem
(2) Mehrliniensystem
(3) Stabliniensystem
(4) divisionale Organisation
(5) Matrixorganisation

Aufgabe 369

Was trifft auf das Mehrliniensystem zu?

(1) Genau wie im Stabliniensystem gibt es hier auch Stabsstellen.
(2) Alle Personen sind in einem einheitlichen Befehlsweg eingegliedert, der von der obersten Instanz bis zur letzten Arbeitskraft reicht.
(3) Dieses System wird häufig auch Spartenorganisation genannt.

D Wirtschafts- und Sozialkunde

(4) Ein Mitarbeiter bzw. eine Mitarbeiterin kann von mehreren spezialisierten Vorgesetzten Anweisung erhalten.
(5) Hat der Spezialist im Mehrliniensystem eine direkte Gewinnverantwortung gegenüber der Unternehmensleitung, spricht man auch von einem Profitcenter.

Aufgabe 370

Welche Begriffe der Aufbauorganisation sind in den folgenden Fällen gemeint?

a) Aufgabenbereich einer Person (gleichzeitig kleinste organisatorische Einheit eines Unternehmens)
b) Stelle mit Anordnungs- und Entscheidungsbefugnissen
c) Festlegung der Betriebsstruktur
d) Beschreibung des Arbeitsplatzes
e) Zusammenfassung mehrerer Stellen unter einer Leitung
f) Alle Mitarbeiterinnen und Mitarbeiter erhalten nur von ihrem unmittelbaren Vorgesetzten Anweisungen und berichten auch nur an diesen.
g) Eine Mitarbeiterin oder ein Mitarbeiter kann von mehreren Vorgesetzten Anweisungen erhalten.
h) Den oberen Leitungsstellen sind Spezialisten zugeordnet, die aber Mitarbeiterinnen und Mitarbeitern keine Anweisungen geben können.
i) Alle Mitarbeiterinnen und Mitarbeiter haben einen produkt- und einen funktionsorientierten Vorgesetzten.
j) Dies ist keine beständige Organisationsstruktur, sondern besteht nur für die Dauer eines Vorhabens.
k) Auf der Ebene unterhalb der Unternehmensleitung erfolgt die Abteilungsbildung nach Objekten.

4 Zusammenarbeit des Unternehmens mit anderen Institutionen

Aufgabe 371

Was ist eine Industrie- und Handelskammer?

Aufgabe 372

Wie sieht die Zusammenarbeit mit Arbeitgeberverbänden und Gewerkschaften aus?

5 Marktsituation und konjunkturelle Entwicklung

Aufgabe 373
Was ist ein Markt?

Aufgabe 374
Erläutern Sie die Begriffe

a) Polypol
b) Oligopol
c) Monopol

Aufgabe 375
Erläutern Sie die Begriffe

a) Angebotsmonopol
b) Zweiseitiges Monopol
c) Angebotsoligopol

Aufgabe 376
Erläutern Sie die Begriffe

a) Unvollkommener Markt
b) Vollkommener Markt

Aufgabe 377
Was ist eine Konjunktur?

Aufgabe 378
Erläutern Sie kurz die Konjunkturphasen.

Aufgabe 379
Führen Sie die betriebswirtschaftlichen Produktionsfaktoren auf.

Aufgabe 380
Welche Teilnehmer sind Bestandteile des erweiterten Wirtschaftskreislaufs?

Aufgabe 381
Ordnen Sie Ausbildungsbetriebe entsprechend ihrer Stellung in der Wirtschaft ein.

6 Die Berufsbildung

Aufgabe 382
Welche der folgenden Aussagen ist richtig und welche falsch?

(1) Auszubildende werden während ihrer Ausbildung an drei Lernorten ausgebildet.

(2) In der Berufsschule werden den Auszubildenden allgemeinbildende und berufsbezogene theoretische Lerninhalte vermittelt.

(3) Beim Blockunterricht besuchen die Auszubildenden einmal oder zweimal in der Woche die Berufsschule.

(4) Unterrichtsinhalte der Berufsschulen sind durch Richtlinien der Kultusministerien vorgeschrieben.

(5) Im Ausbildungsbetrieb findet die überwiegend praktische Ausbildung statt.

(6) Ausbildungsinhalte sind durch den Ausbildungsrahmenplan vorgeschrieben.

(7) Informationen über Inhalte sowie die zeitliche Gliederung der betrieblichen Berufsausbildung in einem staatlich anerkannten Ausbildungsberuf findet man im Rahmenlehrplan.

(8) Im Ausbildungsbetrieb gibt es Unterricht in berufsbezogenen und allgemeinbildenden Unterrichtsfächern.

(9) Die Ausbildungsordnung für den Ausbildungsberuf enthält das Ausbildungsberufsbild, den Ausbildungsrahmenplan, Angaben zur Ausbildungsdauer und zur Prüfung.

Aufgabe 383
Was ist in der Ausbildungsordnung festgehalten?

7 Der Arbeitsvertrag

Aufgabe 384
Erläutern Sie die folgenden Begriffe:

a) Gesetze
b) Rechtsverordnungen
c) Tarifverträge
d) Betriebsvereinbarungen
e) Arbeitspflicht
f) Verschwiegenheitpflicht
g) Verbot der Annahme von „Schmiergeldern"
h) gesetzliches Wettbewerbsverbot
i) nachvertragliches Wettbewerbsverbot
j) Vergütungspflicht
k) Beschäftigungspflicht
l) Urlaubsgewährungspflicht
m) Fürsorgepflicht
n) Zeugnispflicht

Aufgabe 385
Welche Art Vertrag ist der Arbeitsvertrag?

8 Rechtliche Regelungen mit Auswirkungen auf den Arbeitsvertrag

Aufgabe 386
Geben Sie die wichtigsten Aussagen des Jugendarbeitsschutzgesetzes wieder.

Aufgabe 387
Unterscheiden Sie Manteltarifvertrag und Lohn-/Gehaltstarifvertrag.

Aufgabe 388
Erläutern Sie die Begriffe:

a) Tarifautonomie
b) Friedenspflicht

Aufgabe 389

Was ist eine Betriebsvereinbarung?

Aufgabe 390

Führen Sie die wichtigsten Bestimmungen des Mutterschutzgesetzes auf.

9 Sicherheit

Aufgabe 391

Welche Verfahren der Datensicherung sind in den folgenden Fällen gemeint?

a) Unternehmen besitzen häufig zentrale Rechenzentren. Diese sind in der Regel mit Geräten ausgestattet, die bei Stromausfall die notwendige Energie erzeugen, um den Datenverarbeitungsbetrieb aufrechtzuerhalten.

b) Bestimmte Datenträger (z. B. SD-Karten) besitzen einen Schreibschutzschalter. Wird dieser in eine bestimmte Position gebracht, ist ein versehentliches Überschreiben von Dateien nicht möglich.

c) Dies ist ein zusätzlicher Computer, der bei Ausfall der eigentlichen EDV-Anlage deren Aufgaben wahrnimmt. Im Notfall wird automatisch umgeschaltet, sodass Gesamtausfälle vermieden werden können.

d) Jeder Computer sollte mit einem Schloss versehen sein, damit die Inbetriebnahme nur Schlüsselbesitzern möglich ist. Für die zum Computereinsatz gehörenden Arbeitsmittel (z. B. CD-ROMs, Formulare, Belege, Listen, Protokolle usw.) sollte ein Safe zur Verfügung stehen, der feuer-, diebstahl-, wasser- und explosionssicher ist.

e) Dies ist eine spezielle Magnetbandeinheit, die größere Datenmengen sehr schnell aufnehmen bzw. wieder abgeben kann. So können Datenbestände regelmäßig schnell und sicher auf Magnetbändern bzw. Magnetbandkassetten gesichert werden.

f) Sicherheitsschlösser, Sicherheitsverglasungen und Alarmanlagen sind geeignete Schutzmaßnahmen für die Räume, in denen sich EDV-Anlagen befinden.

g) Zur Sicherung von Datenbeständen sollten Unternehmen drei Generationen von Datenträgern aufbewahren. Dieses „Großva-

Sicherheit

ter-Vater-Sohn-Prinzip" gewährleistet, dass bei täglicher Verarbeitung grundsätzlich die Daten der beiden vorhergehenden Tage noch als Sicherheiten zur Verfügung stehen.

h) Zur Datensicherung besteht auch die Möglichkeit, sämtliche Vorgänge, die in der EDV-Anlage ablaufen, in einer besonderen Datei zu speichern. Sämtliche Tätigkeiten, die mit der EDV-Anlage vorgenommen werden, können so überwacht werden.

i) Hierdurch kann das Unternehmen sicherstellen, dass diese fehlerfrei und ordnungsgemäß die EDV bedienen können.

j) Es ist darauf zu achten, dass alle Aufgaben in der Datenverarbeitung von mehr als einer Person durchgeführt werden können, damit das Unternehmen nicht von einzelnen Personen mit Spezialkenntnissen abhängig wird.

k) Besonders kritische Vorgänge können geschützt werden, indem vor der Ausführung die Eingabe – und damit Zustimmung – einer zweiten Person verlangt wird.

l) Diese prüfen, ob eingegebene Daten in der Wirklichkeit überhaupt vorkommen können. Wird beispielsweise als Tageszahl der 32. genannt, wird der Anwender automatisch auf diesen Fehler hingewiesen.

m) Der Zugang zu Anwenderprogrammen oder auch zum Betriebssystem sollte durch Kennwörter gesichert werden. Dadurch wird verhindert, dass Unbefugte mit der Software arbeiten können. Kennwörter müssen verdeckt eingegeben werden können.

n) Die einzelnen Mitarbeiterinnen und Mitarbeiter werden mit unterschiedlichen Autorisationsgraden ausgestattet. Einige Mitarbeiterinnen und Mitarbeiter dürfen mit allen Unterprogrammen arbeiten, andere dürfen nur bestimmte – nicht sicherheitsgefährdende – Tätigkeiten am Computer vornehmen. Für alle Mitarbeiterinnen und Mitarbeiter werden also nicht nur Passwörter gespeichert, sondern auch, wozu sie im Einzelnen am Computer berechtigt sind.

o) Bestimmte Programme ermöglichen es, Dateien zu verstecken. Diese werden nicht im Inhaltsverzeichnis ausgegeben und können daher nur von Mitarbeiterinnen und Mitarbeitern, die von der Existenz der Dateien wissen, bearbeitet werden. In vielen Fällen werden Dateien auch „read only" gestellt. Die Datei kann aus Sicherheitsgründen nur gelesen, aber nicht verändert werden.

p) Sehr wichtige Daten, die auf externen Speichern aufbewahrt werden, können mithilfe geeigneter Programme verschlüsselt werden. Dadurch wird es Unbefugten zumindest erschwert, Daten zu lesen oder zu verändern. Die Verschlüsselung ist mit einem gewissen Zeitverlust verbunden, den man aber bei wichtigen Informationen in Kauf nehmen sollte.

q) Dieses Verfahren dient dazu, fehlerhafte Angaben bei der Erfassung oder Übermittlung numerischer Daten zu entdecken.

Aufgabe 392

Geben Sie mindestens acht Maßnahmen an, die die Sicherheit im Lager unterstützen.

Aufgabe 393

Wie sollte man sich im Brandfall richtig verhalten?

Aufgabe 394

Beurteilen Sie die folgenden Situationen im Hinblick auf das Verhalten im Brandfall.

a) Im Lager der Novonot GmbH ist ein Brand entstanden. Frauke Schröder greift den Brand mit einem Feuerlöscher in Windrichtung an.
b) Frauke Schröder bekommt nacheinander zwei weitere Feuerlöscher von zwei Kollegen gereicht, um den Brand weiter zu löschen.
c) Bei einem Tropfbrand im Lager der Eggeling OHG wird von unten nach oben gelöscht.
d) Ein Wandbrand in der Bauer GmbH wird von unten nach oben gelöscht.

Aufgabe 395

Mete Öczan lagert gerade Ware im Lager ein. Er entdeckt plötzlich ein Feuer, das durch ein verschmortes Kabel entstanden ist. Welche Maßnahmen sollte er ergreifen?

(1) Mete Öczan löst Feueralarm aus, indem er einen Feuermelder einschlägt.
(2) Mit einem Wassereimer löscht Mete Öczan sofort das Feuer.
(3) Ruhig meldet Mete Öczan das Feuer an die Lagerleitung.
(4) Über ein Telefon meldet Mete Öczan den Schwelbrand der Feuerwehr.

Aufgabe 396

Erläutern Sie die Bedeutung des CE-Zeichens.

10 Nachhaltigkeit

Aufgabe 397
Erläutern Sie, warum Nachhaltigkeit für Webshops eine große Rolle spielt.

Aufgabe 398
Erläutern Sie den Begriff der Nachhaltigkeit.

Aufgabe 399
Unterscheiden Sie die drei Arten der Nachhaltigkeit.

Aufgabe 400
Erläutern Sie die Begriffe:
a) Ressourcenschonung
b) Abfallvermeidung
c) Umweltschutz

Aufgabe 401
Beantworten Sie die folgenden Fragen zur Nachhaltigkeit.

a) Was gehört **nicht** zur Nachhaltigkeit?

  (1) Aspekte der Umweltverträglichkeit
  (2) Aspekte der Sozialverträglichkeit
  (3) Aspekte der Gewinnmaximierung
  (4) Aspekte der Gesundheitsverträglichkeit

b) Was gehört zu den Aspekten der Sozialverträglichkeit?

  (1) geringere Umweltbelastungen bei der Entsorgung
  (2) keine krebserregenden Schadstoffrückstände
  (3) menschenwürdige Arbeitsplätze
  (4) keine Kinderarbeit

c) Was ist ein Ökoaudit?

  (1) Wort- und/oder Bildzeichen, die für nachhaltige Produkteigenschaften vergeben werden

(2) freiwillige Betriebsprüfung im Hinblick auf die Umweltleistung eines Unternehmens

(3) Rückführung von Abfällen zurück in den Wirtschaftskreislauf

(4) freiwillige Selbstverpflichtung eines Unternehmens, Nachhaltigkeitsstandards einzuhalten

d) Was gehört zu den Aspekten der Umweltverträglichkeit?

  (1) geringere Umweltbelastungen bei der Entsorgung
  (2) keine krebserregenden Schadstoffrückstände
  (3) menschenwürdige Arbeitsplätze
  (4) keine Kinderarbeit

e) Was ist ein Ökolabel?

  (1) Wort- und/oder Bildzeichen, die für nachhaltige Produkteigenschaften vergeben werden
  (2) freiwillige Betriebsprüfung im Hinblick auf die Umweltleistung eines Unternehmens
  (3) Rückführung von Abfällen zurück in den Wirtschaftskreislauf
  (4) freiwillige Selbstverpflichtung eines Unternehmens, Nachhaltigkeitsstandards einzuhalten

f) Was gehört zu den Aspekten der Gesundheitsverträglichkeit?

  (1) geringere Umweltbelastungen bei der Entsorgung
  (2) keine krebserregenden Schadstoffrückstände
  (3) menschenwürdige Arbeitsplätze
  (4) keine Kinderarbeit

g) Welche Aussage zum fairen Handel ist **falsch**?

  (1) Den Erzeugern in Entwicklungsländern werden über dem Weltmarktniveau liegende Preise gezahlt.
  (2) Die Erzeuger in den Entwicklungsländern müssen bestimmte Standards einhalten.
  (3) Die Erzeuger in Entwicklungsländern verzichten auf einen Gewinn.
  (4) Den Erzeugern in Entwicklungsländern werden feste Abnahmemengen garantiert.

Nachhaltigkeit

h) Was ist ein Verhaltenskodex?

   (1) Wort- und/oder Bildzeichen, die für nachhaltige Produkteigenschaften vergeben werden
   (2) freiwillige Betriebsprüfung im Hinblick auf die Umweltleistung eines Unternehmens
   (3) Rückführung von Abfällen zurück in den Wirtschaftskreislauf
   (4) freiwillige Selbstverpflichtung eines Unternehmens, Nachhaltigkeitsstandards einzuhalten

i) Unternehmen, die nachhaltig wirtschaften, erkennen ihre Verantwortung hinsichtlich der Umwelt, Gesundheit und Sicherheit gegenüber wem **nicht** an?

   (1) Kunden
   (2) Personal
   (3) Gesellschaft
   (4) Bundesligavereinen

j) Was ist Recycling?

   (1) Wort- und/oder Bildzeichen, die für nachhaltige Produkteigenschaften vergeben werden
   (2) freiwillige Betriebsprüfung im Hinblick auf die Umweltleistung eines Unternehmens
   (3) Rückführung von Abfällen zurück in den Wirtschaftskreislauf
   (4) freiwillige Selbstverpflichtung eines Unternehmens, Nachhaltigkeitsstandards einzuhalten

k) Ein Senfglas kann als Trinkglas verwendet werden. Welche Art des Recyclings liegt vor?

   (1) Wiederverwendung
   (2) Weiterverwendung
   (3) Wiederverwertung
   (4) Weiterverwertung

E
LÖSUNGEN

A Sortimentsbewirtschaftung und Vertragsanbahnung – LÖSUNGEN

Aufg. 1	Startseite – Produktkategorienseite – Landing Page – Teaser – Produktboxen – Navigation – Suchfunktion – Vertrauenssiegel (Trust-Siegel) – Produktkategorienseite – Produktfilter – Paginierung – Landing Page – Produktdetailseite
Aufg. 2	1 f), 2 c), 3 b), 4 e), 5 g), 6 d), 7 h), 8 a)
Aufg. 3	⇢ Bilder und Videos des Produkts: Dienen dazu, den Nutzerinnen und Nutzern visuelle Unterstützung zu bieten. ⇢ Der Call-to-Action (CTA)-Button: Zielt darauf ab, gewünschte Reaktionen der Nutzerinnen und Nutzer zu erzielen, wie beispielsweise Bestellungen auszulösen. ⇢ Die Alleinstellungsmerkmale des Produkts oder Anbieters sowie die Hervorhebung von Vorteilen: Dienen der Abgrenzung von Mitbewerbern. ⇢ Siegel, Zertifikate und Bewertungen: Tragen zur Steigerung des Vertrauens bei.
Aufg. 4	a) 1 (Kommunikationsförderer) b) 2 (Kommunikationsstörer) c) 1 (Kommunikationsförderer) d) 2 (Kommunikationsstörer) e) 1 (Kommunikationsförderer) f) 1 (Kommunikationsförderer) g) 2 (Kommunikationsstörer)
Aufg. 5	4
Aufg. 6	4
Aufg. 7	Damit das Sortiment für die Kundschaft passend ist, benötigt ein Onlineunternehmen aussagekräftige Daten.

A Sortimentsbewirtschaftung und Vertragsanbahnung – LÖSUNGEN

Aufg. 8	Produktdaten beschreiben das Produkt. Man nennt sie auch Produktmerkmale. Die Datenquelle für Produktdaten sind in der Regel die Lieferanten der Ware.
Aufg. 9	→ Stammdaten → Bewegungsdaten → Marketingdaten → Logistikdaten
Aufg. 10	a) Marketingdaten werden aus dem Verhalten der Besucherinnen und Besucher einer Internetseite gewonnen. Dies geschieht mithilfe von Analysetools. b) Logistikdaten erfassen den logistischen Aufwand eines Produktes. Beispiele können die Lieferzeit, Gewicht und Packmaße des Produkts sowie dessen Lagerort sein.
Aufg. 11	Stammdaten (wie zum Beispiel Artikelnummern oder Produktbezeichnungen) ändern sich im Zeitverlauf kaum. Bewegungsdaten (wie zum Beispiel Bestellwerte) dagegen unterliegen ständigen Veränderungen.
Aufg. 12	a) Stammdaten sind Daten, die selten oder nie Veränderungen unterliegen. In einem Webshop ist dies zum Beispiel die Artikelnummer oder die Artikelbezeichnung. b) Bei Bewegungsdaten kommt es häufiger zu Änderungen. In einem Webshop sind dies beispielsweise die Bestände, bei denen sich durch Verkäufe, aber auch durch Einkäufe, ständig andere Werte ergeben.
Aufg. 13	richtig: 1, 4, 5, 6, 7, 8, 9, 11 falsch: 2, 3, 10
Aufg. 14	a) Ein Produktinformationsmanagementsystem (PIM-System) erfasst und pflegt Produktdaten und stellt diese verschiedenen Softwaresystemen bzw. Vertriebskanälen zur Verfügung. b) Elektronische Kataloge fassen Produktdaten in einer Datenbank zusammen.

E LÖSUNGEN

	c) Ein Content-Management-System (CMS) ist ein Programmpaket, das zur Erstellung und Verwaltung von Inhalten – in Text-, Bild-, Video- oder sonstiger Form – für eine Website verwendet wird. Mit einem solchen Softwarepaket können Inhalte schnell, flexibel und professionell in einer Internetseite dargestellt werden: Die Nutzer eines solchen Systems benötigen dazu aber nur geringe Kenntnisse, zum Beispiel von HTML. Sie müssen nicht in den Code der Internetseiten eingreifen. Es gibt zwei Arten von Content-Management-Systemen: → CMS als lokale Installation auf dem eigenen Server (im Unternehmen) → CMS auf dem Server eines externen Anbieters: Der Nutzer erhält über das Internet Zugang. Bekannte Programme für CMS sind Wordpress, Joomla, Typo3 und Drupal.
Aufg. 15	→ grundlegende Daten zum Artikel wie zum Beispiel der Artikelname, die Artikelnummer → Produktmerkmale, wie zum Beispiel Art der Versandeinheit, die Maße, das Gewicht des Artikels, die Farben usw. → für den Einkauf und Verkauf des Artikels wichtige Eigenschaften (Einkaufspreise, Verkaufspreise, Bezugskosten usw.) → Informationen über die Lieferer → Marketinginformationen (Hersteller-Content wie zum Beispiel Werbetexte, Fotos, Videos oder Produktkataloge, die zum Erstellen von Produktdetailseiten nutzbar sind) → Daten in anderen Sprachen (wenn der Webshop mehrsprachig ist)
Aufg. 16	Produktkategorien sind Warengruppen. Dies sind Gruppen von Produkten mit ähnlichen Produkteigenschaften und Vorteilen. Sie helfen den potenziellen Käuferinnen und Käufern dabei, einen Artikel im Sortiment des Webshops zu finden. Der Onlinehändler kann mit Produktkategorien sein Sortiment gliedern und strukturieren.
Aufg. 17	Die in der Regel den Kundinnen und Kunden angebotene Produktkategorisierung ist die aus Kundensicht. Hier werden die Produkte zum Beispiel danach kategorisiert, für welche unterschiedlichen Arten von Produkten die potenziellen Käuferinnen und Käufer sich interessieren. Hierzu können Produktmerkmale hinzugezogen werden, wie zum Beispiel:

A Sortimentsbewirtschaftung und Vertragsanbahnung – LÖSUNGEN

- → Herkunft des Artikels
- → Material, aus dem das Produkt besteht
- → Verwendungszweck des Produkts
- → oder andere Produktmerkmale

Interne Kategorisierungen dienen dem Unternehmen zur besseren Übersicht in den Produktgruppen.

Bei dieser Produktkategorisierung aus Unternehmenssicht gibt es viele verschiedene Arten der Klassifizierung von Produkten in Kategorien. Beispiele können sein:

- → die verkaufsbezogene Produktkategorisierung (die Einteilung von Artikeln, wie oft Kundinnen und Kunden sie nachfragen)
- → vertriebskanalbezogene Produktkategorisierung (Einteilung in unterschiedliche Distributionsweg)
- → technische Produktkategorisierung (Einteilung nach technischen Merkmalen)

Aufg. 18 Produktmerkmale sind Eigenschaften eines Artikels, die ihn beschreiben. Ein anderer Begriff für solche Merkmale ist Produktattribut.

Aufg. 19 Produktklassifikationsstandards sind Systeme, die Wissen über Produktdaten in einer übergreifenden und eindeutigen Art und Weise einordnen und erfassen. Die aufgenommenen Produkte sind somit eindeutig identifizierbar und auch für andere Unternehmen wie zum Beispiel Kunden oder Lieferanten oder andere Abteilungen im Unternehmen eindeutig auffindbar bei Suchvorgängen. Die Bedeutung eines Produkts wird durch Klassifizierung widerspruchsfrei.

Bekannte Beispiele für solche Standards sind GPC, ECLASS und ETIM.

Aufg. 20
a) Eine Suchfunktion ermöglicht es Kundinnen und Kunden, Artikel zu finden, nach denen er sucht, indem er die eingegebenen Suchbegriffe mit den Produkten Im Webshop abgleicht.

b) Eine Filterfunktion ermöglicht Kundinnen und Kunden eine schnelle Eingrenzung nach relevanten Kriterien bei ihrer Produktsuche. Die Ausgabe von Suchergebnissen wird aufgrund eigener Vorgaben eingeschränkt.

E LÖSUNGEN

	c) Eine Sortierfunktion vermeidet das Übersehen von Ergebnissen beim Filtern aufgrund zu strenger bzw. ungenauer Filter. Typische Sortierkriterien können zum Beispiel sein: ⇢ Preis aufsteigend ⇢ Preis absteigend ⇢ neu eingetroffen ⇢ Kundenbewertung d) Für eine bessere Übersicht werden die Ergebnisse einer Produktsuche auf mehrere Seiten verteilt.
Aufg. 21	⇢ Usability ⇢ Barrierefreiheit ⇢ responsive Darstellung der Produktdetailseiten ⇢ Verwendung von Trustsignalen ⇢ überzeugende Produktfotos ⇢ Herausstellung der Alleinstellungsmerkmale des Produkts ⇢ gut lesbare Produktinformationen ⇢ gutes Suchmaschinenmarketing (SEM/SEO/SEA) ⇢ Verbesserung des Rankings in Suchmaschinen
Aufg. 22	Das Ranking spielt für Webshops eine wichtige Rolle. Es gibt an, auf welcher Position eines Suchmaschinenergebnisses das eigene Produkt (bzw. der eigene Onlineshop) bei einer Suchanfrage auftaucht. Je besser (je weiter oben) dies auf der Internetseite erscheint, desto eher wird der entsprechende Link auf die eigene Internetseite vom potenziellen Käufer angeklickt.
Aufg. 23	⇢ Search Engine Advertising (SEA): bezahlte Anzeigen bei Maschinen ⇢ Search Engine Optimization (SEO): durch geschickte Gestaltung der Produktdetailseiten (relevante Inhalte, Keywords, Verwendung von Links usw.) ⇢ Social Media Marketing: Ist ein Webshop auch in den sozialen Medien sichtbar, verbessert sich oft auch das Ranking.

A Sortimentsbewirtschaftung und Vertragsanbahnung – LÖSUNGEN

Aufg. 24	a) ⇢ Vor- und Nachname ⇢ vollständige Postanschrift ⇢ E-Mail-Adresse und eine weitere Kontaktmöglichkeit ⇢ ggf. entsprechende Zulassungsbehörde b) ⇢ Verkaufsplattformen ⇢ Internetseiten, die familiären Zwecken dienen ⇢ Webshops ⇢ Internetseiten, die der Vor- bzw. Darstellung eines Unternehmens dienen c) Ein Impressum muss ... ⇢ ständig verfügbar sein. ⇢ leicht erkennbar sein. ⇢ leicht erreichbar sein.
Aufg. 25	1, 3, 4, 5, 7
Aufg. 26	a) Surface Links b) Frames/Inline Frames c) Deep Links d) Hot Links e) wahr f) Filmwerke, Lichtbildwerke, Musikwerke, amtliche Werke g) Reden, Software, Texte h) Noten, Melodien, Liedtexte i) Fotos j) Videos, Filme k) falsch l) wahr m) wahr

Aufg. 27

Spezielle rechtliche Regeln für besondere Artikel des Sortiments	
Gefahrgut-verordnungen	Die Gefahrgutverordnungen regeln in Deutschland den nationalen und internationalen Transport von Gefahrgut auf Straße, Schiene, Binnengewässern und zur See. Die für Webshops wichtigste Regel ist es, dass Frachtführer darüber informiert werden müssen, falls eine Warensendung Gefahrgüter enthält. Diese kann erfolgen durch Aufkleber oder andere Warnhinweise
Waffengesetz	Da der Verkauf von Waffen und Munition nur Personen gestattet ist, die über 18 Jahre alt sind, müssen Webshops in solchen Fällen eine Altersverifikation vornehmen.
Jugend-schutzgesetz	Das Jugendschutzgesetz sieht vor, dass bestimmte Waren aus Altersgründen nicht für Jugendliche (bzw. manchmal für Jugendliche ab einem bestimmten Alter) bestimmt sein sollen. Dies gilt für den Verkauf von Filmen und Computerspielen, den Verkauf von Alkohol, Tabak und E-Zigaretten. Für den stationären Einzelhandel ist die Überwachung des Alters relativ problemlos. Webshops müssen jedoch in solchen Fällen verschiedene Arten der Altersverifikation explizit vornehmen.
Elektrogesetz	Webshops von Herstellern müssen Geräteart und Marke registrieren lassen, sonst dürfen sie das Elektrogerät nicht in Deutschland anbieten. Webshops, die Elektrogeräte anbieten, sind ab einer bestimmten Größe rücknahmepflichtig. Mögliche Käuferinnen und Käufer sind über die Rücknahmepflicht zu informieren.

A Sortimentsbewirtschaftung und Vertragsanbahnung – LÖSUNGEN

Aufg. 28	Der Gesetzgeber möchte negative Auswirkungen des Konkurrenzkampfes (für die Wirtschaft und andere Wirtschaftsteilnehmer) vermeiden und unterbinden.
Aufg. 29	Vor allem im Gesetz gegen den unlauteren Wettbewerb (UWG), aber auch hier: Zugabeverordnung, Rabattgesetz, Geschmacksmustergesetz, Gebrauchsmustergesetz, Warenzeichengesetz, Patentgesetz
Aufg. 30	Ein unlauterer Wettbewerb liegt vor, wenn Unternehmen im Geschäftsverkehr Aktivitäten vornehmen, die gegen die guten Sitten verstoßen oder wenn über geschäftliche Verhältnisse irreführende Angaben gemacht werden.
Aufg. 31	Damit Kunden aus Verbraucherschutzgründen Preisvergleiche anstellen können, soll die Preisangabenverordnung Webshops dazu bringen, die angebotenen Produkte oder Dienstleistungen mit einem Preis auszuzeichnen. Vorgeschrieben sind bei Preisangaben an Verbraucher: → Der Bruttopreis (inklusive Umsatzsteuer) → Die Mengeneinheit des Artikels → der Grundpreis je Mengeneinheit → die handelsübliche Gütebezeichnung Die Einhaltung der Preisangabenverordnung wird vom Gewerbeaufsichtsamt vorgenommen, das bei Verstößen Bußgelder verhängen kann.
Aufg. 32	a) Das Unternehmen muss Unbefugten den Zugang zu den EDV-Anlagen verwehren. b) Das Unternehmen muss sicherstellen, dass nur Befugte die EDV-Anlagen nutzen können. c) Das Unternehmen muss sicherstellen, dass die zur Arbeit mit den EDV-Anlagen berechtigten Mitarbeiter und Mitarbeiterinnen ausschließlich auf die Daten zugreifen können, für die sie eine Zugangsberechtigung besitzen. d) Das Unternehmen muss sicherstellen, dass bei der Übermittlung von Daten sowie beim Transport entsprechender Datenträger diese nicht unbefugt gelesen, kopiert, verändert oder gelöscht werden können. Das Großhandelsunternehmen muss zudem gewährleisten, dass überprüft und festgestellt werden kann, an welche Stellen Daten übermittelt werden können.

E LÖSUNGEN

	e) Das Unternehmen muss nachträglich überprüfen und feststellen können, welche Daten zu welcher Zeit von wem in die EDV-Anlagen eingegeben worden sind.
	f) Werden personenbezogene Daten im Auftrag verarbeitet, muss sichergestellt werden, dass diese nur entsprechend den Weisungen des Auftraggebers verarbeitet werden können.
	g) Das Unternehmen muss sicherstellen, dass personenbezogene Daten nicht zufällig zerstört werden können oder verloren gehen.
	h) Personenbezogene Daten, die im Unternehmen zu unterschiedlichen Zwecken erhoben wurden, müssen getrennt erarbeitet werden können.
Aufg. 33	a) Grundrecht der „informationellen Selbstbestimmung". Jeder Bürger darf über die Erhebung, Speicherung, Übermittlung und Verarbeitung seiner Daten selbst entscheiden, soweit dies gesetzlich nicht anders geregelt ist.
	b) Schutz personenbezogener Daten vor Missbrauch bei ihrer Verarbeitung
	c) alle Einzelangaben über persönliche und sachliche Verhältnisse natürlicher Personen durch Einwilligung des Betroffenen
	d) durch Erlaubnis des Bundesdatenschutzgesetzes, der Datenschutzgrundverordnung oder einer anderen Rechtsvorschrift → Auskunftsrecht → Berichtigungsrecht → Sperrungsrecht Löschungsrecht
	e) → Wahrung des Datengeheimnisses → technische und organisatorische Maßnahmen zum Ausschluss von Missbrauch → Prüfung der Zulässigkeit der Verarbeitung von Daten → Benachrichtigung der Betroffenen bei erstmaliger Speicherung von Daten zu ihrer Person → Ernennung eines Beauftragten für Datenschutz

A Sortimentsbewirtschaftung und Vertragsanbahnung – LÖSUNGEN

Aufg. 34	→ Montage von Produkten → Verlängerung einer Garantie → Ausweitung einer Garantie → Verpackung als Geschenk → Versicherungen → Garantieverlängerungen
Aufg. 35	Cross-Selling: Angebot von Zubehör Up-Selling: Die potenziellen Käuferinnen und Käufer sollen dazu animiert werden, ein hochwertigeres Produkt zu kaufen als sie eigentlich ursprünglich geplant haben.
Aufg. 36	a) 1, 3 und 4 b) 1, 3 und 4 c) 2 und 3 d) 1, 2 und 4 e) 1, 2 und 4
Aufg. 37	Barzahlung liegt vor, wenn Geld (Banknoten und Münzen) vom Schuldner an den Gläubiger persönlich oder durch einen Boten übermittelt wird und für die Zahlung keine Konten verwendet werden.
Aufg. 38	Eine Quittung beweist die Übergabe von Bargeld. Jede Quittung sollte folgende Angaben enthalten: → Zahlungsbetrag (in Ziffern und Buchstaben) → Name des Zahlers/der Zahlerin → Grund der Zahlung → Empfangsbestätigung → Ort und Tag der Ausstellung → Unterschrift des Zahlungsempfängers (Aussteller/-in)
Aufg. 39	Daueraufträge eignen sich für regelmäßig wiederkehrende Zahlungen in derselben Höhe, z. B. Zahlung des IHK-Beitrages, Zahlung von Mitgliedsbeiträgen, Zahlung der Miete. Das Lastschriftverfahren (oder auch Einzugsermächtigungsverfahren) eignet sich für regelmäßige Zahlungen von Beträgen in unterschiedlicher Höhe, z. B. Zahlung der Fernsprechgebühren, Zahlung der Stromrechnung.

E LÖSUNGEN

Aufg. 40	→Rechnungskauf (Zahlung auf Ziel) →Zahlung per Vorauskasse →Zahlung per Nachnahme →Zahlung durch Bankeinzug
Aufg. 41	Amazon-, Apple- und Google Pay sind Zahlungsdienstleister, die die Kundendaten bereits besitzen und die jeweiligen Webshops über erfolgreiche Zahlungen informieren. Diese Zahlungsarten sind sehr leicht in den Webshop zu integrieren. Es kommt zu vergleichsweise wenig Kaufabbrüchen. Mit den entsprechenden Apps können Kunden kontakt- und bargeldlos mit dem Smartphone bezahlen.
Aufg. 42	Durch das Factoring kann ein Unternehmen einerseits das Risiko für den Ausfall von gewährten Krediten minimieren, andererseits dann auch den ganzen Aufwand für das Eintreiben von Forderungen vermeiden. Beim Factoring kauft eine Factoring-Gesellschaft (der Factor) die Forderung eines Unternehmens (Factoring-Kunde) auf, das sofort Zahlungseingänge erhalten möchte. Gegen eine Factoring-Gebühr (zusätzlich muss oft auch noch ein Sicherheitseinbehalt gezahlt werden) bietet der Faktor: →Liquidität: Er zahlt sofort 80–90 % des Forderungsbetrags. →Sicherheit: Er übernimmt das Kreditrisiko (Dekrete). →Service (z. B. Forderungsmanagement, Mahnwesen, Bonitätsprüfung, Inkassowesen)
Aufg. 43	Das Sortiment ist die Gesamtheit aller Waren und Dienstleistungen, die ein Handelsbetrieb anbietet.
Aufg. 44	Der Sortimentsumfang eines Handelsbetriebes wird mit den Begriffen „Sortimentsbreite" und „Sortimentstiefe" beschrieben. → Die Sortimentsbreite wird durch die Zahl der Warenarten und Warengruppen bestimmt. Je mehr Warenarten und Warengruppen in einem Handelsbetrieb angeboten werden, umso breiter ist sein Sortiment. Ein breites Sortiment enthält viele Warenarten und Warengruppen. Ein schmales Sortiment besteht nur aus einer Warenart oder wenigen Warenarten.

A Sortimentsbewirtschaftung und Vertragsanbahnung – LÖSUNGEN

	→ Die Sortimentstiefe wird durch die Artikel- und Sortenzahl bestimmt. Je mehr Artikel und Sorten innerhalb einer Warenart angeboten werden, umso tiefer ist ein Sortiment. Ein Handelsbetrieb führt ein tiefes Sortiment, wenn er innerhalb der einzelnen Warenarten viele Artikel und Sorten anbietet. Werden innerhalb der einzelnen Warenarten nur wenige Artikel und Sorten angeboten, spricht man von einem flachen Sortiment.
Aufg. 45	→ Auswertung der Suchanfragen der in die Shopsuche des Onlineshops eingegebenen Suchanfragen → Auswertung von Tools, die Suchmaschinenanbieter zur Verfügung stellen (Google Trends/Bing Business Account/Ubersuggest) → Maßnahmen der Sortimentskontrollen
Aufg. 46	→ Marktfeldstrategien → Marktparzellierungsstrategien
Aufg. 47	Hat ein Webshop vor, umsatz- und/oder gewinnorientiert zu wachsen, muss er überlegen, ob er die bisher von ihm vertriebenen Artikel weiter anbietet oder neue ins Sortiment aufnimmt, aber auch, ob er nur auf den bisherigen Märkten bzw. auch auf neuen Märkten auftritt. Es gibt vier Arten: → Marktdurchdringungsstrategie (bisherige Artikel auf bisherigen Märkten) → Marktentwicklungsstrategie (bisherige Artikel auf neuen Märkten) → Produktentwicklungsstrategie (neue Artikel auf bisherigen Märkten) → Diversifikationsstrategie (neue Artikel auf neuen Märkten)
Aufg. 48	→ Massenmarktstrategie. Der gesamte Markt wird bedient. → Marktsegmentierungsstrategie. Zerlegung des Markts in kleine Teilmärkte mit Kunden gleichartiger Bedürfnisse, um sich dann mit entsprechenden Produkten auf diese Teilmärkte zu spezialisieren (oder bestimmte Teilmärkte zu vernachlässigen: Kundenselektion)

E LÖSUNGEN

Aufg. 49

a) Das Kernsortiment ist der Sortimentsteil, auf den sich die Haupttätigkeit des jeweiligen Unternehmens erstreckt. Es erbringt in der Regel den überwiegenden Umsatzanteil.

b) Das Randsortiment wird zur Abrundung des Kernsortiments geführt. Es erbringt in der Regel den geringeren Umsatzanteil.

c) NOS-Artikel sind Standardartikel, die dauerhaft im Sortiment bleiben. Solche Artikel sollen langfristig gesehen immer auf Lager sein. NOS steht für „never out of stock".

Aufg. 50

→ Produktinformationen der Hersteller

→ Beobachtung erfolgreicher Verkäufer

→ Messen und Ausstellungen

→ Auswertung von Gesprächen mit Kundinnen und Kunden

→ Fachzeitschriften und Fachbücher

→ Verbraucherverbände

→ Kurse zur Weiterbildung

→ Stiftung Warentest

→ Konkurrenzbeobachtungen

→ Internet:
  - Herstellerseiten
  - Preisagenturen
  - Foren

Aufg. 51

a) Ein Einpöster ist eine Kundenbestellung, bei der mehrere Exemplare eines Artikels geordert werden.
Beispiel: Eine Kunde bestellt zehn identische T-Shirts.

b) Bei einem Single Liner wird ein Exemplar eines Artikels geordert.
Beispiel: Eine Kundin bestellt nur eine Jeans.

c) Bei einem Mehrpöster werden mehrere Artikel in unterschiedlicher Anzahl bestellt. Eine Kundin bestellt vier Hemden, zwei T-Shirts und drei Jeans.

A Sortimentsbewirtschaftung und Vertragsanbahnung – LÖSUNGEN

Aufg. 52 — Bei einer zu langen Wartezeit für Kundinnen und Kunden führen Webshops oft eine Sendungsteilung durch. Es erfolgt also eine Aufteilung der Bestellung in verschiedene Lieferposten.

Beispiel: Ein Kunde erhält zunächst unmittelbar die lieferbaren Artikel. Die verzögerten Artikel folgen später in einem separaten Paket.

Sendungsteilungen werden ebenfalls vorgenommen, wenn die Artikel an unterschiedlichen Orten gelagert werden oder die bestellte Ware in mehreren Versandeinheiten geschickt werden muss, weil sie zu groß ist.

Aufg. 53

Absatzkennzahlen zur Unterstützung der Beschaffung	
Bruttonachfrage	Die Bruttonachfrage wird manchmal auch Nachfrageumsatz genannt. Sie umfasst alle möglichen Umsätze, z. B. Stornos, technische Probleme, Lagerdifferenzen, Zahlungsausfälle.
Bruttoumsatz	Der Bruttoumsatz wird oft auch als Lieferumsatz bezeichnet. Er umfasst alle Verkaufserlöse der Artikel oder Dienstleistungen vor Steuern.
Nettoumsatz	Der Nettoumsatz gibt die Verkaufserlöse aller Produkte und Dienstleistungen nach Abzug von Steuern wieder.
Stornoquote	Die Stornoquote gibt an, wie groß der prozentuale Anteil von Stornierungen an den abgeschlossenen Verträgen (vor der Lieferung an die Kundschaft) ist.
Retourenquote	Die Retourenquote gibt an, wie groß der prozentuale Anteil von Stornierungen an den abgeschlossenen Verträgen (nach der Lieferung an die Kundschaft) ist.

	Absatzkennzahlen zur Unterstützung der Beschaffung	
	Widerrufsquote	Die Widerrufsquote informiert über den sich innerhalb der Widerspruchsfrist von 14 Tagen ergebenden Anteil an widerrufenen Kaufverträgen an der Anzahl der gesamten Kaufverträge.
	Null-Trefferquote	Die Null-Trefferquote in Webshops gibt Auskunft über den Anteil der Suchanfragen, die zu keinem Treffer geführt haben, im Verhältnis zur Gesamtanzahl der getätigten Suchanfragen.
Aufg. 54	150 – Registerkarten – Formatierungen – Listen – Zwischenüberschriften – Symbole	
Aufg. 55	a) Auswahlhilfen können ein weiterer Bestandteil von Produktdetailseiten sein. Sie unterstützen vor allem unsichere Kunden dabei, eine richtige Lösung für sich zu finden. b) Diese Produkte vergrößern die Funktionsfähigkeit eines Artikels bzw. gewährleisten diese überhaupt erst. c) Dies können zum Beispiel Größentabellen sein. d) Hierbei werden einer Kundin auf einer Produktdetailseite andere zu dem vorgestellten Artikel passende Produkte angeboten. e) Mit dieser Box legt die Kundin die Einzelheiten ihrer Kaufentscheidung fest. Im Deutschen wird es als Einkaufswagen-Feld bezeichnet. f) Es werden Artikel mit ähnlichen Produktmerkmalen entweder von anderen Herstellern oder in anderen Variationen gezeigt. g) Eine mehr oder weniger kleine eingeblendete Teilseite mit Informationen, die sich wie eine zusätzliche Schicht über den Inhalt der normalen Internetseite legt. Diese wird dadurch teilweise verdeckt. h) Symbole und Infoblöcke zählen zu den einfachsten Auswahlhilfen, die ein Webshop anbieten kann. Diese bieten der Kundin einen leichten und schnellen Überblick, ob sich die ausgewählten Produkte für sie eignen.	

A Sortimentsbewirtschaftung und Vertragsanbahnung – LÖSUNGEN

Aufg. 56	a) 1 b) 2 c) 2 d) 1 e) 1 f) 1 g) 1 und 2
Aufg. 57	a) 2 und 3 b) 2 c) 1 d) 1 e) 1, 3, 5 und 6 f) 2 g) 1 h) 2
Aufg. 58	3, 7, 6, 1, 5, 2, 4
Aufg. 59	Übersichtsseite – Verkaufsabwicklung – gesetzlichen – Waren – Gesamtpreis – Kosten – Widerrufsrecht – allgemeine
Aufg. 60	→ Markierung von Pflichtfeldern → Überprüfung von Eingaben (Plausibilitätskontrollen) → Bereitstellung von Hilfen → Bereitstellung von Erklärungsfeldern → Erleichterung von Auswahlmöglichkeiten (Vorgabe von Kriterien) → unkomplizierte Gestaltung → Angebot von Gastzugängen → Prinzip der Datensparsamkeit beachten → Prozessanzeige → Verkürzung des Prozesses auf möglichst wenig Schritte → Ermöglichen von Gastzugängen
Aufg. 61	Bei der Speicherung von Kundendaten und Zahlungsdaten muss das Prinzip der Datensparsamkeit beachtet werden. Entsprechend der Datenschutzgrundverordnung dürfen nicht mehr Informationen von Kundinnen und Kunden gespeichert werden, als unbedingt für den Abschluss des Kaufvertrages erforderlich. Die erfassten Daten müssen dem Zweck angemessen und auf das für die Zwecke der Verarbeitung notwendige Maß beschränkt sein.

E LÖSUNGEN

Aufg. 62

Bei einem Kundenkonto (oft auch Benutzerkonto genannt) dürfen die von den Käuferinnen und Käufern eingegebenen Daten vom Betreiber des Webshops – unter Beachtung der datenschutzrechtlichen Voraussetzungen auch über den Kaufvertrag hinaus – gespeichert werden. Nutzen Käuferinnen und Käufer dagegen einen Gastzugang, können ihre eingegebenen Daten zwar zunächst einmal im Rahmen der handels- und steuerrechtlichen Verpflichtungen aufbewahrt werden. Ist der Kaufvertrag jedoch erfüllt, müssen die Daten gelöscht werden.

Ein Kundenkonto bringt den Käuferinnen und Käufern noch den Vorteil, dass sie bei einer erneuten Bestellung nicht erneut ihre Stammdaten (zum Beispiel Adressdaten, Kommunikationsdaten oder Zahlungsverkehrsdaten) eingeben müssen. Dadurch erhöht sich für sie die Usability.

Aufg. 63

Maßnahmen der Datensicherheit spielen eine große Rolle im Zusammenhang mit dem Risikomanagement eines Webshops.

Durch ein angemessenes **Risikomanagement** können sich Webshops auf unsicheren Märkten erfolgreich behaupten. Unter Risikomanagement werden alle Handlungen und Entscheidungen eines Unternehmens in Bezug auf **die richtige Handhabung von Risiken** zusammengefasst. Dazu können unter anderem gehören:

→ Im Rahmen der Bonitätsprüfung werden potenzielle Käuferinnen und Käufer vor der Vertragserfüllung auf ihre Zahlungsfähigkeit hin überprüft.

→ Mithilfe des Identitätsmanagements versuchen viele Onlinehändler, Identitätsdiebstähle und/oder Zahlungsausfälle zu vermeiden. Oft verwenden Webshops dazu externe Dienstleister (zum Beispiel Postident).

→ Plausibilitätskontrollen sind Maßnahmen, in deren Rahmen ein Wert oder allgemein ein Ergebnis überschlagsmäßig daraufhin überprüft wird, ob es überhaupt plausibel, also annehmbar, einleuchtend und nachvollziehbar sein kann oder nicht. Würde ein irrealer Wert weiterverarbeitet, würde dies im Webshop zu negativen Folgen führen.

→ Auch mit der Betrachtung der Kundenhistorie (Kaufhistorie und Zahlungshistorie) kann der Abschluss mit schon bekannten Kundinnen und Kunden gut beurteilt werden.

A Sortimentsbewirtschaftung und Vertragsanbahnung – LÖSUNGEN

Aufg. 64
→ eigene Transportmittel
→ Für schwere oder sperrige Güter sowie Güter, für deren Transport eine besondere Fachkenntnis notwendig ist (Chemikalien), können auch Spediteure oder Frachtführer für Güter des gewerblichen Güterkraftverkehrs beauftragt werden.
→ Click & Collect: Viele Unternehmen bieten auf ihren Internetseiten online ihre Produkte an, die später stationär im Ladengeschäft abgeholt werden können.
→ Digitale Güter (Programme, Videos, Spiele usw.) können per Download zur Verfügung gestellt werden. Die digitalen Güter können anschließend zeitlich unbegrenzt genutzt werden.
→ Beim Streaming werden digitale Güter Kundinnen und Kunden nur temporär zur Verfügung gestellt (Beispiele sind Netflix, Amazon Prime, Spotify).

Aufg. 65

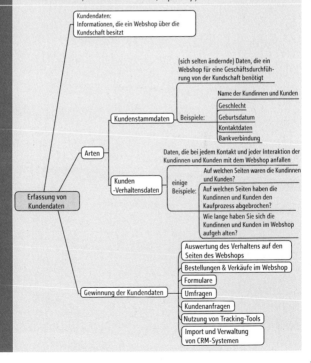

E LÖSUNGEN

Aufg. 66

Bei einem One Page Checkout werden alle Elemente eines standardmäßigen Checkout-Prozesses auf einer einzigen Seite aufgeführt. Die Kundinnen und Kunden füllen dabei die Checkout-Felder in einer bestimmten Reihenfolge aus.

Bei einem Multistep-Checkout (auch mehrseitiger oder mehrstufiger Checkout genannt) ist der Checkout-Prozess auf mehrere Seiten aufgeteilt. Kunden müssen ihre Daten auf jeder Seite getrennt (und nacheinander) eingeben, um den Bestellvorgang abzuschließen.

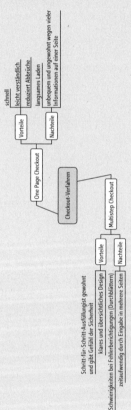

A Sortimentsbewirtschaftung und Vertragsanbahnung – LÖSUNGEN

Aufg. 67

Jeder handelsüblichen Mengen- oder Verpackungseinheit wird beim Hersteller eine eigene Nummer zugeordnet, die den Artikel bis zum Endverbraucher begleitet. Sie ermöglicht auf allen Handelsstufen eine artikelbezogene Datenverarbeitung.

Die aus 13 Ziffern bestehende GTIN ist folgendermaßen aufgebaut:

Länderkennzeichen	international location number					individuelle Artikelnummer des Herstellers						Prüfziffer
4	0	1	2	3	4	5	0	0	3	1	5	4
GS1 Germany	FRANZ SCHUSTER KG Travestraße 20 23570 Lübeck					Lübecker Edelmarzipan Geschenkpackung 100 g						99% Sicherheit

Aufg. 68

Unter Supply-Chain-Management wird die optimale Gestaltung des Informations- und Warenflusses zur Leistungserstellung von Erzeugnissen (Leistungen) im gesamten Logistiknetzwerk, vom Lieferanten des Lieferanten bis zum Kunden des Kunden unter Verwendung geeigneter Planungs- und Kommunikationstechnologien verstanden.

Das Supply-Chain-Management hat die Aufgabe, entlang der logistischen Kette partnerschaftliche Wettbewerbsvorteile für alle Beteiligten zu realisieren. Die Wettbewerbsvorteile können dabei im Wesentlichen auf Kostenreduktion entlang der Supply-Chain und/oder Verbesserungen des (End-)Kundenservice beruhen.

Vorteile:

→ Kostenreduktion durch die verbesserte Abstimmung der Produktions- und Distributionspläne zwischen den Prozessbeteiligten
→ Zeitersparnis durch eine Reduktion der Durchlaufzeiten
→ Erhöhung der Kundenzufriedenheit z. B. durch die wesentlich
→ verbesserte Termintreue.

Aufg. 69

Rechtsgeschäfte entstehen durch eine oder mehrere Willenserklärungen. Willenserklärungen sind gewollte und zwangsfreie Erklärungen einer Person.

E LÖSUNGEN

Aufg. 70

Einseitige Rechtsgeschäfte entstehen durch die Willenserklärung nur einer Person.

→ Empfangsbedürftige Willenserklärungen sind z. B. Kündigungen, Mahnungen, Bürgschaften. Sie sind erst dann wirksam, wenn sie einer anderen Person zugehen.

→ Nicht empfangsbedürftige Willenserklärungen sind z. B. Testamente. Sie sind gültig, ohne dass sie einer anderen Person zugehen.

Verträge sind mehrseitige Rechtsgeschäfte. Sie kommen grundsätzlich durch die Abgabe von zwei übereinstimmenden gültigen Willenserklärungen zustande. Die 1. Willenserklärung wird als Antrag, die 2. Willenserklärung als Annahme bezeichnet. Mit der Annahme des Antrags ist ein Vertrag abgeschlossen.

Aufg. 71

a) Nichtige Willenserklärungen sind von Anfang an ungültig.

b) → Geschäftsunfähigkeit
→ beschränkte Geschäftsfähigkeit
→ Zustand der Bewusstlosigkeit
→ Scherzgeschäft
→ Scheingeschäft
→ sittenwidrige Rechtsgeschäfte
→ Fehlen der vorgeschriebenen Form
→ Verstoß gegen gesetzliches Verbot

c) Anfechtbare Willenserklärungen können im Nachhinein durch Anfechtung ungültig werden. Bis zur Anfechtung sind sie gültig.

d) → Irrtum in der Erklärung
→ Irrtum in der Eigenschaft einer Person oder Sache
→ Irrtum in der Übermittlung, widerrechtliche Drohung
→ arglistige Täuschung

Aufg. 72

a) Die Willenserklärung ist anfechtbar. Es liegt ein Irrtum in der Erklärung vor.

b) Die Willenserklärung ist anfechtbar. Der Käufer wurde arglistig getäuscht.

c) Die Willenserklärung ist nichtig, da sie gegen den Willen des gesetzlichen Vertreters des beschränkt geschäftsfähigen Frank Schrader abgegeben wurde.

A Sortimentsbewirtschaftung und Vertragsanbahnung – LÖSUNGEN

	d) Das Rechtsgeschäft ist nichtig. Es wurde nicht in der vorgeschriebenen schriftlichen Form abgeschlossen. e) Der falsch kalkulierte Preis ist gültig. Ein Kalkulationsfehler gilt nicht als Irrtum, der zur Anfechtung einer Willenserklärung berechtigt. f) Das Rechtsgeschäft ist gültig, auch wenn der Kaufpreis nicht dem Wert des Hauses entspricht.
Aufg. 73	4
Aufg. 74	1
Aufg. 75	4
Aufg. 76	2
Aufg. 77	Vereinbarung zwischen Verkäufer/-innen und Käufer/-innen, dass das Eigentumsrecht erst mit der vollständigen Bezahlung auf den Käufer/die Käuferin übergeht → Einfacher Eigentumsvorbehalt: Die Käuferin/der Käufer wird zunächst lediglich Besitzer/-in der Sache, Eigentümer/-in bleibt die Verkäuferin/der Verkäufer bis zur vollständigen Bezahlung des Kaufpreises → Verlängerter Eigentumsvorbehalt: Die aus dem Weiterverkauf entstandene Forderung an einen Dritten wird an den Lieferer weitergegeben. → Erweiterter Eigentumsvorbehalt: Die Eigentumsrechte beziehen sich auf alle Lieferungen an dieselben Kundinnen und Kunden, bis sie vollständig bezahlt sind.
Aufg. 78	a) Eine Anfrage ist eine Bitte um ein Angebot. Sie immer unverbindlich. Normalerweise stellen Kunden eine Anfrage an ein Unternehmen, um Informationen über dessen Produkte oder Preise zu erhalten. b) Anpreisungen sind Aufforderung zur Abgabe einer ersten Willenserklärung. Dies können beispielsweise Anzeigen in Zeitungen, Werbeprospekte oder Schaufensterwerbung sein. Anpreisungen sind keine verbindlichen Angebote. Anpreisungen sind unverbindlich und an die anonyme Öffentlichkeit gerichtet.

	c) Angebote sind speziell für eine Person oder Personengruppe erstellt worden. Ein Angebot ist grundsätzlich verbindlich, außer es wird explizit durch eine Freizeichnungsklausel beschränkt oder die zeitliche Bindung ist abgelaufen.
Aufg. 79	Der Erfüllungsort ist der Ort, an dem der Schuldner seine Leistung zu erbringen hat.
Aufg. 80	Gesetzliche Regelung: Wenn zwischen Käufer/-in und Verkäufer/-in keine vertragliche Regelung getroffen wurde, ist der Erfüllungsort der Wohn- oder Geschäftssitz des jeweiligen Schuldners (= gesetzlicher Erfüllungsort). Da durch den Abschluss eines Kaufvertrags sowohl die Verkäuferin/der Verkäufer als auch die Käuferin/der Käufer Leistungsverpflichtungen übernommen haben, gibt es auch zwei Erfüllungsorte. → Die Verkäuferin/der Verkäufer schuldet der Käuferin/dem Käufer die ordnungsgemäße Lieferung der Ware (= Warenschulden). Deshalb ist der Erfüllungsort für die Warenlieferung der Wohn- oder Geschäftssitz der Verkäuferin bzw. des Verkäufers. → Die Käuferin/der Käufer schuldet der Käuferin/dem Verkäufer die fristgerechte Zahlung des Kaufpreises (= Geldschulden). Deshalb ist der Erfüllungsort für die Zahlung der Wohn- oder Geschäftssitz des Käufers.
Aufg. 81	Im Rahmen der vertraglichen Regelung können Verkäufer/-in und Käufer/-in Abweichungen von der gesetzlichen Regelung vertraglich vereinbaren. Man spricht dann von einem vertraglichen Erfüllungsort.
Aufg. 82	Der Gerichtsstand ist der Ort, an dem die Vertragsparteien in Konfliktfällen klagen oder verklagt werden können.
Aufg. 83	Antwort 2 ist richtig. Der gesetzliche Erfüllungsort bestimmt den Gerichtsstand, wenn vertraglich nichts anderes vereinbart wurde. Für Warenschulden ist der Gerichtsstand somit der Geschäfts- oder Wohnsitz des Verkäufers. Für Geldschulden ist der Gerichtsstand der Geschäfts- oder Wohnsitz der Käuferin/des Käufers.

A Sortimentsbewirtschaftung und Vertragsanbahnung – LÖSUNGEN

Zwischen Kaufleuten kann der Gerichtsstand abweichend von der gesetzlichen Regelung vertraglich vereinbart werden. Bei Verträgen mit Verbrauchern ist eine vertragliche Vereinbarung, die von der gesetzlichen Regelung abweicht, nicht erlaubt.

Für Warenschulden ist der Gerichtsstand somit der Geschäfts- oder Wohnsitz der Verkäuferin/des Verkäufers, wenn nicht vertraglich etwas anderes vereinbart wurden, in diesem Fall also Hamburg.

Aufg. 84
a) Dies ist ein Kauf mit Rückgaberecht. Die Käuferinnen und Käufer prüfen die Ware. Bei Nichtgefallen können sie diese innerhalb einer vereinbarten Frist zurückgeben.

b) Dies ist ein Kauf nach einem Muster. Die Verkäuferinnen und Verkäufer müssen sich bei einer späteren Lieferung ganz genau an das Probeexemplar halten.

c) Es wird zunächst nur eine geringe Menge gekauft, um die Ware zu testen. Bei der Bestellung wird die Nachbestellung größerer Mengen in Aussicht gestellt.

d) Im Kaufvertrag sind die Waren nur nach der Art oder Klasse bestimmt, also nach allgemeinen Merkmalen.

e) Hier wird von den Käuferinnen und Käufern eine persönlich bestimmte Ware, die nicht durch eine andere Ware ersetzt werden kann, gekauft.

f) Es wird vereinbart, dass die Ware bis zu einem bestimmten Termin geliefert werden soll.

g) Es wird vereinbart, dass die Ware an einem genau festgelegten Zeitpunkt geliefert werden soll.

h) Erst wenn die Käuferinnen und Käufer sie abrufen, liefert der Verkäufer die bestellte Ware.

i) Die Käuferinnen und Käufer müssen vor der Warenlieferung eine Teilsumme bezahlen.

j) Die Käuferinnen und Käufer legen zunächst lediglich die Art und die Gesamtmenge der Ware fest. Erst später wird die Ware genauer bestimmt.

k) Verkäufer/-in und Käufer/-in vereinbaren, dass die Zahlung des Kaufpreises erst einige Zeit nach der Lieferung der Ware erfolgen soll.

Aufg. 85
a) 2, b) 1, c) 1, d) 1, e) 3

E LÖSUNGEN

Aufg. 86	3
Aufg. 87	Allgemeine Geschäftsbedingungen sind vorformulierte Vertragsbedingungen einer Vertragspartei, die für eine Vielzahl von Verträgen gelten. Sie werden Bestandteil eines Vertrages, wenn bei Abschluss des Vertrages ausdrücklich auf sie hingewiesen wird.
Aufg. 88	Allgemeiner Zweck der AGB: ⇢ vorformulierte Vertragsbedingungen; grundsätzliche Ausgestaltung von Verträgen ⇢ Rationalisierung (Zeitersparnis)
Aufg. 89	Bestimmungen der AGB: ⇢ Schutz vor unseriösen AGB ⇢ Individuelle Absprachen haben Vorrang. ⇢ Überraschende Klauseln sind unwirksam. ⇢ Bestimmungen, die gegen den Grundsatz von Treu und Glauben verstoßen, sind unwirksam. ⇢ Bei unwirksamen Klauseln gelten die gesetzlichen Bestimmungen.
Aufg. 90	a) 2 b) 2 c) 1 und 4 d) 3 e) 2 f) 3 g) 2 h) 1 i) 2 j) 4
Aufg. 91	Das gesetzliche Widerrufsrecht gilt nur für Endverbraucher/-innen. Diese können mit Webshops abgeschlossene Kaufverträge innerhalb einer Frist von 14 Tagen widerrufen. Für einige Artikel gilt das Widerrufsrecht nicht: ⇢ verderbliche Ware ⇢ Datenträger ⇢ eigens angefertigte Produkte wie Software

A Sortimentsbewirtschaftung und Vertragsanbahnung – LÖSUNGEN

	→ Video- und Audioaufnahmen → Hygieneartikel Wichtig für Webshops ist es, dass diese ihre Kundschaft über das Widerrufsrecht informieren und ihnen auch ein Widerrufsformular zur Verfügung stellen.
Aufg. 92	Wenn im Webshop auf fremde Internetseiten verlinkt wird, kann man sich durch einen Disclaimer von einer Haftung für die dort angezeigten fremden Inhalte, die eventuell strafbare Inhalte enthalten, befreien, in dem man sich von vornherein vorsichtshalber von diesen distanziert.
Aufg. 93	Ein Webshop muss in jedem Fall sicherstellen, dass Kundinnen und Kunden über das Zustandekommen des Vertrages informiert werden. Die Annahmeerklärung kann auf mehrere Arten erfolgen, zum Beispiel: → Bestätigung per E-Mail → Bestätigung per SMS → Bestätigung per App → Bestätigung per Telefon → Bestätigung „face to face". Dies kann einerseits die Bestätigung in einer Videokommunikation sein, andererseits kann sie auch direkt im stationären Geschäft erfolgen. → Bestätigung schriftlich per Post
Aufg. 94	Wenn ein Webshop auf die Bestellung einer Kundin oder eines Kunden aufgrund eines Angebots mit der Lieferung der Ware reagiert, bestätigt er im Prinzip das Zustandekommen des Vertrages mit der direkten Erfüllung der Leistung.
Aufg. 95	Für den reibungslosen Abschluss von Verträgen müssen Webshops Störungen der Datenübermittlung vermeiden. Diese sollen Störfaktoren verhindern, die zu → Warenkorbabbrüchen → langen Ladezeiten → Seitenfehlern führen können.

E LÖSUNGEN

	Störfaktoren können unter anderem sein: → schlechte Internetverbindungen oder sogar Verbindungsabbrüche → mangelnde Anbindung an Server → Schnittstellenprobleme → Störungen der E-Mail-Kommunikation
Aufg. 96	a) Datenschutzerklärung b) das Bundesdatenschutzgesetz und die Datenschutzgrundverordnung
Aufg. 97	Kundinnen und Kunden haben nach der Datenschutzgrundverordnung das Recht, einmal im Kalenderjahr Auskünfte über Ihre gespeicherten persönlichen Daten einzuholen. Diese Auskunft muss für die Kundinnen und Kunden grundsätzlich kostenlos sein.
Aufg. 98	→ Auskunftsrecht → Berichtigungsrecht → Löschungsrecht → Einschränkungen → Recht auf Datenübertragbarkeit → Widerspruchsrecht
Aufg. 99	→ Zutrittskontrolle → Zugangskontrolle → Zugriffskontrolle → Weitergabekontrolle → Eingabekontrolle → Auftragskontrolle → Verfügbarkeitskontrolle → Trennungsgebot
Aufg. 100	a) Programmtechnische Verfahren: → Prüfzifferncodierung und Verschlüsselung von Daten, versteckte Dateien → Software, Schreibschutz → Berechtigungscodes → Passwortverfahren → Plausibilitätskontrollen b) Technische Verfahren: → Notstromaggregate → Parallelrechner

A Sortimentsbewirtschaftung und Vertragsanbahnung – LÖSUNGEN

	→ Streamer
	→ Hardware-Schreibschutz
	→ mechanische und räumliche Sicherungen (zum Beispiel Schlösser/Schränke usw.)
	d) Organisatorische Verfahren:
	→ Überwachungsprotokolle
	→ Datensicherung mit dem Großvater-Vater-Sohn-Prinzip (regelmäßiges Anfertigen von Sicherheitskopien)
Aufg. 101	Bei diesem Datensicherheitsverfahren müssen Kundinnen und Kunden zwei unterschiedliche Merkmale bereitstellen, um die Berechtigung für eine bestimmte Maßnahme (zum Beispiel im Anmeldeverfahren) zu bekommen.
Aufg. 102	a) Größe, die die Anzahl der (horizontalen x vertikalen Bildpunkte angibt.
	b) Verringerung der Dateigröße eines Bildes. In der Regel führt dies zu einer niedrigen Qualität des Bildes.
	c) Umwandlung eines Bildes in ein anderes Dateiformat. Häufig kann sich dadurch die Bildgröße verändern.
Aufg. 103	a) Skalierung ist die Möglichkeit, die Größe einer Grafik zu verändern.
	b) Im Gegensatz zu normalen Grafikdateien lassen sich die Größen von Vektorgrafikdateien ohne Qualitätsverluste ändern.
Aufg. 104	a) → bmp
	→ tif
	→ png
	→ jpg
	→ gif
	b) → dxf
	→ cdr
	→ ai
	→ fh
	c) → mpg
	→ avi

B Geschäftsprozesse im E-Commerce – LÖSUNGEN

Aufg. 105	B2B: 3, 5, 6, 7, 9, 10 B2C: 1, 2, 4, 8, 11, 12
Aufg. 106	⇢ Webshops ⇢ Plattformen und Marktplätze ⇢ E-Mails ⇢ Social Media ⇢ Apps
Aufg. 107	⇢ Hochpreisige Artikel werden häufig erst nach eingehender Prüfung der Produktdetails und möglicherweise weiterer Recherchen bestellt, typischerweise von zu Hause aus über den traditionellen Online-Shop ⇢ Mobile Vertriebskanäle werden eher für spontane Käufe bestimmter Artikel genutzt. ⇢ Die Wahrnehmung von Sicherheit und Vertrauen ist im klassischen Online-Shop tendenziell höher.
Aufg. 108	a) Angemessenheit: Umfasst das Programm geeignete Funktionen für spezielle Aufgaben? b) Sicherheit: Verhindert die Software unberechtigte (sowohl vorsätzliche als auch versehentliche) Zugriffe auf Daten und Programmteile? c) Interoperabilität: Kann die Software mit anderen vorgegebenen Computersystemen bzw. Programmen zusammenarbeiten und -wirken? d) Konformität: Hält das Softwareprodukt Standards, Konventionen oder gesetzliche Bestimmungen (im Hinblick auf die Funktionalität) ein? e) Ordnungsmäßigkeit: Hält die Software anwendungsspezifische Normen oder Vereinbarungen ein? f) Richtigkeit: Werden richtige Ergebnisse geliefert bzw. richtige Wirkungen erzielt?
Aufg. 109	a) 3 b) 2 c) 1 d) 1 e) 3

f) 2
g) 3
h) 1 und 4
i) 3
j) 1
k) 2
l) 2
m) 1
n) 3
o) 3

Aufg. 110

a) Der Betreiber entscheidet, welche Händler für seine Plattform zugelassen werden.

b) Hier kann sich fast jeder Händler selbstständig anmelden.

c) Hier bieten Unternehmen verschiedenster Branchen unterschiedliche Produkte an.

d) Hier können nur Produkte aus einer bestimmten Branche erstanden werden.

e) Hier werden Waren und/oder Dienstleistungen per Katalog, also mit festen Preisen, angeboten. Zusätzlich erhält der Kunde hier zu den abgebildeten Produkten Informationen über Art, Güte und Beschaffenheit der Produkte, ohne dass dies als Extratext im Shop eingepflegt werden muss.

f) Hierbei variieren die Preise und es werden verschiedene Verhandlungsmechanismen zur Preisbildung herangezogen (Rabatte, Skontobeträge usw.). Auch Auktionen zählen zu den dynamischen Märkten, weil sich der Preis aufgrund der vorliegenden Gebote bestimmt.

g) Der Hersteller oder Händler bietet für andere Händler eine Plattform an.

h) Händler und Hersteller bieten für Endkundinnen und Endkunden Waren oder Dienstleistungen an.

i) Neutrale Dritte bieten eine Plattform an, auf der Hersteller und Händler Produkte anbieten und Käuferinnen und Käufer diese erwerben können.

	j) Hierunter wird die teilweise oder die vollständig automatisierte Beschaffung im Einkauf verstanden. In erster Linie geht es hierbei um die Verbesserung und Optimierung der Beschaffungsprozesse in Form der funktions- und unternehmensübergreifenden Aktivitäten, die der Bereitstellung aller im Unternehmen benötigten Güter sowie Leistungen dienen.
	k) Ein Dienstvertrag oder Werkvertrag, der eine Geschäftsbesorgung zum Gegenstand hat. Er wird zwischen einem Leistungsschuldner (= Geschäftsbesorger) und einem Leistungsgläubiger (= Geschäftsherr) abgeschlossen.
	l) Eine selbstständige wirtschaftliche Tätigkeit in fremdem Interesse.
	m) Hierbei kann der Geschäftsbesorger frei darüber entscheiden, wie er die Geschäftsbesorgung durchführt.
	n) Hierbei handelt es sich um eine Tätigkeit, die sich auf das Vermögen des Geschäftsherrn bezieht.
	o) Der Geschäftsbesorger übernimmt eine Aufgabe, für die der Geschäftsherr ursprünglich zuständig war.
Aufg. 111	a) 2 und 4 b) 3 c) 1 d) 1, 2 und 4 e) 2, 3 und 4 f) 2 g) 4 h) 1
Aufg. 112	regionaler – überregionaler – ROPO-Effekt – Showrooming – Kundenfreundlichkeit – Informationsplätze – Warenangebot – Verknüpfung – Bring- oder Abholservice – Versandweg – nicht virtuellen – Onlinehandel – Kunden – Wir-Gefühls – Marktplatz

B Geschäftsprozesse im E-Commerce – LÖSUNGEN

Aufg. 113 dynamischen – Onlineauktionen – Bieter – Auktionsprinzips – Englische Auktion – Mindestpreis – Holländische Auktion – Höchstpreis – schnell – verderblichen – verdeckte Auktion – nicht – Höchstgrenze – Immobilien – Second Price Sealed Bid Auction – Höchstpreisauktion – zweithöchsten

Aufg. 114
a) Grundlage jeder Verkaufsaktivität im Internet. Hier sollen Kunden Kaufverträge direkt beim Unternehmen abschließen.

b) Vom Betreiber werden unter einer Internetadresse verschiedene Angebote (zum Beispiel von verschiedenen Anbietern) zusammengefasst.

c) Verzeichnisse oder Kataloge, in die sich ein Unternehmen eintragen kann

d) Hier finden Versteigerungen statt.

e) Im Frontend treten gegenüber den Kundinnen und Kunden unterschiedliche Shops auf. Diese haben aber alle ein gemeinsames Backend (Administrationsoberfläche).

f) Suchmaschinenwerbung

g) Kunden werden über Newsletter über neue Angebote informiert.

h) gezieltes Auslösen und Kontrollieren von Mundpropaganda im Internet

i) Suchmaschinenoptimierung

j) Der Betreiber einer Internetseite empfiehlt die Internetseite eines anderen Anbieters.

k) Beim Social Media Marketing werden soziale Medien (z. B. Facebook, Twitter, WhatsApp, Instagram) für Marketingzwecke genutzt. Durch entsprechende Maßnahmen soll mit potenziellen Kundinnen und Kunden kommuniziert werden, um diesen Unternehmensbotschaften zu vermitteln und als Besucherinnen und Besucher im eigenen Webshop bzw. auf der eigenen Internetseite zu gewinnen.

E LÖSUNGEN

Aufg. 115

Zwei wichtige Absatzkennzahlen		
ROI (Return-on-Investment)	ROI = (Gewinn / Umsatz) x (Umsatz / Gesamtkapital) x 100	Kennzahl, die allgemein das Verhältnis zwischen Umsatz und Kosten misst
ROAS (Return on Advertising Spend)	ROAS = (Umsatz – Betriebsausgaben) / Werbeausgaben x 100	Kennzahl, die den tatsächlich erzielten Gewinn pro Werbeausgabe in Euro beziffert

Aufg. 116

Die Kosten-Umsatz-Relation (KUR) ist eine wichtige Kennzahl aus dem Marketing. Mit dieser lässt sich die Wirtschaftlichkeit einer Marketingmaßnahme bewerten: Die Kosten für die Marketingmaßnahme werden in das Verhältnis zu dem dadurch erzielten Umsatz gesetzt.

(KUR = (Kosten × 100) / Umsatz)

Beispiel:

Ein von einem Unternehmen eingesetztes Marketinginstrument kostet 3 000,00 €. Dadurch entsteht ein zusätzlicher Umsatz von 30 000,00 €. Die Kosten-Umsatz-Relation liegt bei 10 %. Je niedriger die KUR ist, desto effizienter ist die Wirtschaftlichkeit des eingesetzten Marketinginstruments.

Aufg. 117

a) Die Kennzahl Cost per Click gibt an, wie viel ein werbender Webshop zahlen muss, wenn seine Werbekosten nach der Bezahlmethode Pay per Click (PPC). Dies bedeutet, dass bei jedem Klick auf eine Werbeanzeige, z. B. Banner, Kosten für den werbenden Webshop entstehen) abgerechnet werden.

b) Die Kennzahl Cost per Sale lässt sich als Kosten pro Verkauf definieren. Der werbetreibende Webshop sollte auch die Kennziffer Cost per Sale im Blick haben, weil bei dem dahinterstehenden Zahlungsverfahren nicht für die Clicks, sondern für Abschlüsse bezahlt wird.

B Geschäftsprozesse im E-Commerce – LÖSUNGEN

	c) CPM ist die Abkürzung für Cost per Mille (deutsch: Tausenderkontaktpreis, kurz: TKP). Diese Kennzahl gibt an, wie viel es kostet 1 000 Personen mit einem Beitrag oder einer Werbeanzeige zu erreichen. Ein CPM von 24,00 Euro sagt aus, dass es 24 € kostet, um 1 000 Personen zu erreichen.
Aufg. 118	Conversion bedeutet die Umwandlung des Besuchers der Seiten eines Webshops von einem Interessenten in einen Kunden.
Aufg. 119	Alle Kaufabschlüsse (Käufe), aber ebenfalls mögliche Kaufabschlüsse können sein: ⇝ das Anklicken von Werbebannern ⇝ Registrierungen bei Newslettern ⇝ Downloads
Aufg. 120	Die Conversions Rate (Konversionsrate) gibt Auskunft darüber, wie viel Prozent der Besucher eines Webshops tatsächlich Kunde werden.
Aufg. 121	9 %
Aufg. 122	Eine Konversionsrate liegt normalerweise etwa im Bereich von ca. 1-6 %.
Aufg. 123	⇝ der Angebotspreis eines Artikels ⇝ die Qualität des Artikels ⇝ die Verfügbarkeit des Artikels ⇝ die Lieferzeit der angebotenen Artikel ⇝ die Breite des Sortiments ⇝ Bekanntheit des Webshops ⇝ Zielgruppen des Webshops ⇝ User Experience

E LÖSUNGEN

Aufg. 124

Um die Geschäftsprozesse im Rahmen des Webshops zu optimieren, sollten sogenannten Mikro-Conversion beobachtet werden.

Die Conversion (Konversion) ist der etwas verkürzte Begriff für Makro-Conversion: Dies ist ein Ereignis, das in einem Webshop direkt zu einem Umsatz führt (es können jedoch auch manchmal andere Ziele formuliert werden). Sie tragen direkt zum Unternehmenserfolg bei und stehen in der Regel erst am Ende des Geschäftsprozesses. Eine Makro-Conversion ist beispielsweise der Kaufabschluss.

Viele Besucher eines Webshops schließen jedoch keinen Kauf ab. Diese lösen keine Makro-Conversion aus. Aus Sicht des Webshops sind diese Besuche jedoch nicht unwichtig.

Als Mikro-Conversion wird ein Schritt in Richtung zum Abschluss auf der Kaufbestätigungsseite, was die Makro-Conversion darstellt, verstanden.

Aus der Auswertung der Mikro-Conversion kann ein Webshop Optimierungsmaßnahmen vornehmen. Er erhält einen besseren Einblick in die Leistungsfähigkeit des Webshops.

B Geschäftsprozesse im E-Commerce – LÖSUNGEN

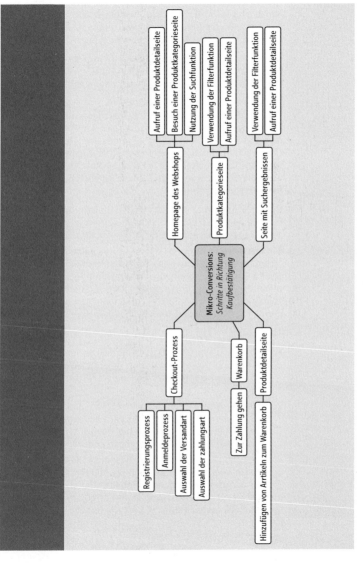

E LÖSUNGEN

Aufg. 125	Mit Analyseprogrammen wie beispielsweise Google Analytics können die Betreiber von Webshops das Verhalten ihrer Besucher detailliert und genau auswerten.
Aufg. 126	Die Bounce Rate wird oft auch Absprungrate genannt. Sie informiert über den prozentualen Anteil der Nutzerinnen und Nutzer, die einen Webshop nach nur einem Seitenaufruf verlassen.
Aufg. 127	Die Exit Rate wird oft auch als Ausstiegsrate bezeichnet. Diese informiert über den prozentualen Anteil der Nutzerinnen und Nutzer, die den Besuch eines Webshops auf einer Unterseite beenden, nachdem sie zuvor mehrere Seitenaufrufe verursacht haben. Bei der Bounce Rate wird gemessen, wie viele Besucherinnen und Besucher nach nur einem Seitenaufruf abspringen.
Aufg. 128	Unter der Customer Journey versteht man den Weg mit mehreren Phasen, den eine mögliche Kundin vom Erstkontakt mit dem Webshop bis zum tatsächlichen Kauf durchläuft. Die Customer Journey ist besonders im Onlinemarketing von Interesse, weil man hier das Verhalten der Suche von Webshops beispielsweise mithilfe von Tracking-Technologien genau nachvollziehen und abbilden kann. Gesucht werden alle Touchpoints (Kontaktpunkte), bei denen Marketingmaßnahmen angesetzt werden können.
Aufg. 129	1, 3, 4, 2, 5
Aufg. 130	1. Cost Per Click (CPC): Dieses Modell bezieht sich auf die Bezahlung pro Klick auf eine Anzeige. Werbetreibende zahlen nur, wenn Nutzerinnen und Nutzer auf ihre Anzeige klicken. 2. Cost Per Mille (CPM): Hier wird für tausend Anzeigenimpressionen bezahlt. Der Preis wird pro tausend Impressionen festgelegt, unabhängig davon, ob Nutzerinnen und Nutzer auf die Anzeige klicken oder nicht. 3. Cost Per Action (CPA): Bei diesem Modell wird nur für bestimmte Aktionen bezahlt, die Nutzerinnen und Nutzer auf der beworbenen Website ausführen, wie beispielsweise das Ausfüllen eines Formulars oder das Abschließen eines Kaufs.

4. **Cost Per Lead (CPL):** Hier erfolgt die Bezahlung für jeden generierten Lead, also an alle potenziellen Kundinnen und Kunden, die Interesse an einem Produkt oder einer Dienstleistung zeigen, beispielsweise durch das Ausfüllen eines Kontaktformulars.

5. **Cost Per Order (CPO):** Beim CPO-Modell zahlen Werbetreibende nur für tatsächlich generierte Bestellungen oder Transaktionen, die durch ihre Anzeigen oder Marketingaktivitäten entstanden sind. Dieses Modell ist besonders beliebt bei E-Commerce-Unternehmen, da die Zahlung direkt mit dem Verkaufserfolg verknüpft ist.

6. **Cost Per View (CPV):** CPV bezieht sich auf die Bezahlung pro Anzeigenaufruf oder View. Werbetreibende zahlen, wenn ihre Anzeige angesehen wird, unabhängig davon, ob Nutzerinnen und Nutzer darauf klicken oder nicht. Dieses Modell wird häufig bei Videoanzeigen verwendet, wo die Ansichten der Hauptkennwert sind.

Aufg. 131

Die Customer Journey gibt die einzelnen Etappen an, die der Kunde eines Webshops durchläuft. Bei diesen hat der Webshop zu unterschiedlichen Zeitpunkten Berührungspunkte (Touchpoints) mit den potentiellen Käufern. Diese Kommunikation mit den Kunden kann in der Regel online über den Webshop selber, über Social Media-Zugänge oder über Apps erfolgen, aber auch analog in Ladengeschäften.

Für Webshops ist es unheimlich wichtig, die Touchpoints der Konsumenten zu identifizieren. Anschließend geht es darum, an diesen Stellen die Kundinnen und Kunden positive Erfahrungen machen zu lassen. Dies sorgt dafür, dass im Endeffekt die Kundenbindung erhöht und die Kundenabwanderung vermieden wird. Insgesamt ergeben sich dadurch Wachstumschancen.

E LÖSUNGEN

Aufg. 132

In der Regel gibt es viele Touchpoints, an dem Kundinnen und Kunden Kontakt zum Webshop haben. Mit Maßnahmen der Attribution können Webshops die Customer Journey nachverfolgen. Gleichzeitig analysieren sie auch, wie der Wert und der Einfluss entsprechender Marketingmaßnahmen an den Touchpoints sich auf das Kundenverhalten auswirkt. Es geht bei der Attribution also darum zu untersuchen, welche Marketingmaßnahme an welchem Touchpoint in welchem Ausmaß zu der Kaufentscheidung einer Kundin/eines Kunden beigetragen hat.

Aufg. 133

Conversion-Funnel bedeutet übersetzt Konversions-Trichter. Die Zahl der Besucherinnen und Besucher eines Webshops verringert sich zwischen dem ersten Interesse an einem Artikel bis zum abgeschlossenen Kaufvertrag immer mehr wie ein enger werdender Trichter. Der Webshop muss daher versuchen, im Webshop die einzelnen Schritte, die der Kunde/die Kundin vom Erstinteresse bis zum Kaufabschluss durchläuft, zu optimieren.

Aufg. 134

1, 2, 5, 6, 7, 3, 4

B Geschäftsprozesse im E-Commerce – LÖSUNGEN

Aufg. 135 Setzt ein Webshop systematisch auf alle nur denkbaren Kommunikationsmöglichkeiten mit seinen Kundinnen und Kunden, wird er um den Einsatz eines Customer Experience Systems nicht herumkommen. Genutzt wird es, um Interaktionen mit Kundinnen und Kunden zu überwachen, zu begleiten und zu organisieren. Das Ziel solcher Systeme besteht darin, Kundenerfahrungen zu optimieren und damit die Kundenbindung zu fördern. Bei Customer Experience Systemen geht es unter anderem auch um das UX-Design und das UI-Design.

Aufg. 136 Beim UX-Design geht es um die Optimierung der Kundenerfahrungen. Angestrebt wird, dass die potenziellen Käuferinnen und Käufer den Webshop gut nutzen können. Es geht hier darum, komplexe Webshops für die Kundinnen und Kunden so einfach wie möglich zu gestalten und die potenziellen Käuferinnen und Käufern so bequem und schnell wie gewünscht an das Ziel (den Kaufabschluss) zu bringen. Beim UX-Designprozess werden eher Erfahrungen der Psychologie hinzugezogen.

Aufg. 137 Beim UI-Design (User Interface Design) geht es darum, den Webshop gut aussehen zu lassen. Hier geht es um kreative und künstlerisch-gestalterische Vorgehensweisen. Elemente der Ästhetik stehen im Vordergrund.

Aufg. 138 Die Usability kennzeichnet den Grad der Gebrauchstauglichkeit eines Webshops während der Nutzung. Ein anderer Begriff ist die Nutzerfreundlichkeit.

Aufg. 139 Zu den Marketingdaten können einerseits Werbemittel wie Texte, Videos, Fotos und Grafiken gezählt werden. Diese sind für Erzeugung von Content nötig. Ebenfalls dazu zählen die von unterschiedlichen Analyseprogrammen zur Verfügung gestellten Daten (zum Beispiel in Form der Conversions Rate). Mit diesen Marketingdaten können zum Beispiel Werbekampagnen effizient geplant werden.

Aufg. 140 Bei Logistikdaten handelt es sich um Daten wie:

→ die Lieferzeit eines Artikels

→ der Lagerort von Produkten

→ Gewicht und Packmaße von Artikeln

Sie geben Auskunft über den logistischen Aufwand eines Produktes.

E LÖSUNGEN

Aufg. 141	richtig: 1, 4, 5, 6, 7, 8, 9, 10,11 falsch: 2, 3
Aufg. 142	Ein Datenfeed ist eine Tabelle, die alle notwendigen Produktdaten enthält und dann an andere Wirtschaftsteilnehmer übermittelt werden kann. Die am häufigsten verwendeten Formate für Datenfeeds sind TXT, CSV und XML. Der Vorteil von Datenfeeds ist die Erleichterung der Übertragung von sehr großen Datenbeständen, die kaum noch manuell zu bewältigen sind.
Aufg. 143	a) Kunden lassen gern auf der Suche nach einem Artikel nach Attributen wie Farbe, Größe oder Material filtern. Produktspezifische Merkmale sind oft in Fließtexten, Artikelbezeichnungen und anderen oft bruchstückhaften Textinformationen verborgen. Diese müssen extrahiert werden. b) Neben den schon feststehenden eigentlichen Warengruppen können auch frei definierte Produktbereiche angelegt werden. Damit bekommen Webshops Möglichkeiten, auf kurzfristige Aktionen oder aktuelle Produkte hinzuweisen. c) Bessere Suchergebnisse gibt es, wenn zum Beispiel bestimmte Maß- und Größeneinheiten bei allen Produkten einheitlich und widerspruchsfrei verwendet werden. d) Ergänzt man die Produktdaten mit Zusatzbezeichnungen, sind sie später häufiger und besser auffindbar. Diesen Vorgang nennt man Tagging. Es gibt Software, die dafür sorgt, dass neue Produkte die passenden Zusatzmerkmale automatisch erhalten. e) Oft stammen Produktdaten, die von Webshops genutzt werden, aus unterschiedlichen Quellen oder von verschiedenen Lieferanten. Die Daten sind z. T. unterschiedlich dargestellt. Vor diesem Hintergrund müssen die Produktdaten auf eine vorbestimmte Darstellungsweise vereinheitlicht werden. f) Hierunter versteht man den Prozess der automatisierten Identifizierung ähnlicher oder gleicher Datensätze. Mithilfe spezialisierter Programme werden die einzelnen Datensätze miteinander verglichen. Dies geschieht in der Regel anhand des Vergleichs ihrer Attribute.

B Geschäftsprozesse im E-Commerce – LÖSUNGEN

Aufg. 144	Softwareschnittstellen – Kommandos – Programmierschnittstelle – Schnittstellenprogrammierung – Import- und Exportfunktionen – Webshops – Kommunikation – Wettbewerbsvorteil
Aufg. 145	Ein Application Programming Interface – abgekürzt API – ist eine Schnittstelle, die es zwei Programmen ermöglicht miteinander zu kommunizieren und Daten auszutauschen. Festgelegt wird, wie die Daten einerseits beim Datenimport gelesen werden und andererseits beim Datenexport ausgegeben werden sollen.
Aufg. 146	a) 2 b) 2 c) 1 und 3 d) 2 e) 1 f) 2 g) 3 h) 3 i) 4 j) 3 k) 3
Aufg. 147	a) Die Bezugsquellenermittlung ist die Suche nach Informationen über mögliche Lieferer. Dabei geht es sowohl um die Auswahl von Erstlieferern als auch um Informationen über bestehende Geschäftsbeziehungen. b) ⇢ Adressenverzeichnisse („Gelbe Seiten" der Deutschen Post AG; ABC der deutschen ⇢ Wirtschaft; Wer liefert was?) In digitaler Form (überwiegend Internet, manchmal auch DVD) ⇢ Fachzeitschriften ⇢ Kataloge, Prospekte, Preislisten ⇢ Messen, Ausstellungen ⇢ Besuche von Reisenden und Handelsvertretern ⇢ Geschäftsfreunde ⇢ B2B-Marktplätze

	c) In einer Bezugsquellenkartei /-datei werden Angaben über früher schon einmal ermittelte Bezugsquellen festgehalten. → Ist sie als *Lieferkarte/-datei* nach Lieferern geordnet, informiert sie über deren lieferbare Waren. → Als nach Artikeln geordnete *Warenkarte/-datei* enthält sie Angaben über die betreffenden Lieferfirmen. d) Abhängig von der jeweiligen Situation sind die folgenden Beurteilungspunkte bei mehreren Lieferern mehr oder weniger zu beachten: Einhaltung von Qualität, Liefertermin und Menge → Preise und Konditionen → geografische Lage → Umwelt- und Gesundheitsverträglichkeit der Waren.
Aufg. 148	4
Aufg. 149	4
Aufg. 150	2
Aufg. 151	2
Aufg. 152	2
Aufg. 153	1
Aufg. 154	1
Aufg. 155	3
Aufg. 156	a) Ein Lastenheft wird vom Auftraggeber eines Projektes angefertigt. Das Lastenheft dient der Präzisierung und Ergänzung des Projektauftrags. Es soll alle Anforderungen enthalten, die der Auftraggeber an die Erreichung des Projektzieles stellt. Zudem enthält es die Rahmenbedingungen, unter denen das Projekt arbeiten soll. b) Agilität bedeutet ein schnelles Anpassen an neue Gegebenheiten im Projektmanagement. Als wichtige Voraussetzung zur Umsetzung von Projekten wird das sofortige Aufnehmen von Veränderung der Rahmenbedingungen von Projekten gesehen.

B Geschäftsprozesse im E-Commerce – LÖSUNGEN

	c)	Scrum ist ein beliebtes Modell zur Umsetzung agiler Projekte. Statt wie im normalen Projektmanagement alles von vornherein zu planen, wird ein Projekt in kurze, wiederkehrende Zeitabläufe (Sprints) eingeteilt. In jedem dieser Sprints werden im Projektteam gemeinsam Erkenntnisse gewonnen und dann im nächsten Sprint wiederverwertet.
Aufg. 157	a)	Das Ziel sollte eindeutig formuliert werden. Es darf kein Spielraum für Interpretationen bleiben.
	b)	Es muss erkennbar sein, ab wann das Ziel erreicht wird. Die Zielerreichung muss also messbar sein.
	c)	Das Ziel sollte durch das Projektteam beeinflussbar sein. Dadurch werden die Ziele akzeptiert.
	d)	Auch wenn das Ziel anspruchsvoll ist, sollte es erreichbar sein.
	e)	Es gibt klare Zeitangaben hinsichtlich der Dauer zur Erreichung des Ziels. Das gilt auch für Zwischenziele.
Aufg. 158	\multicolumn{2}{l	}{strukturiert – Arbeitspakete – Projektstrukturplan – Planung – Zeit – Reihenfolge – Visualisierung – Ressourcenplanung – Kostenkalkulation – Qualitätsplanung}
Aufg. 159	a)	Bei der meilensteinorientierten Fortschrittsmessung wird die zeitliche und qualitative Zielerfüllung von Meilensteinen in ein Projekt überprüft. Der Projektfortschritt wird regelmäßig ermittelt.
	b)	In einem Projektstatusbericht wird dem Auftraggeber oder den Entscheidern eines Unternehmens Auskunft über den Stand des Projektes gegeben.
	c)	Eine Projektdokumentation enthält Informationen über alle wichtigen Ergebnisse, Stadien des Arbeitsprozesses und Erfahrungen der Projektmitarbeiter und -mitarbeiterinnen. Sie ist die wesentliche Grundlage für die Präsentation, aber auch für die Reflexion und Evaluation des Projekts.

E LÖSUNGEN

d) Eine Projektmanagement Software ist ein Programmpaket zum Planen, Steuern und Überwachen von Projekten. Mit einer solchen Software kann eine Vielzahl von Aufgaben des Projektmanagements erledigt werden. Die Schwerpunkte liegen dabei auf:

--→ Terminmanagement

--→ Ressourcenmanagement

--→ Projektüberwachung

--→ Erstellung von Berichten

e) Unter der Balanced Scorecard versteht man ein allgemeines Kennzahlensystem, mit dem man den Erfolg einer Strategie kontrollieren und auch erhöhen kann: durch Kennzahlen wird der Erfolg der Strategie messbar gemacht.

f) Eine Projekt-Scorecard ist eine auf ein Projekt übertragene Balanced Scorecard, also ein Kennzahlensystem zur Steuerung eines Projekts.

Aufg. 160	a) 2
	b) 1
	c) 3
	d) 4
	e) 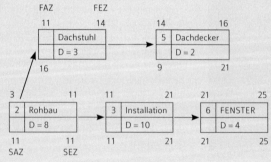
Aufg. 161	3
Aufg. 162	4
Aufg. 163	4

B Geschäftsprozesse im E-Commerce – LÖSUNGEN

Aufg. 164	Die sogenannten „4Ps" beschreiben nach der amerikanischen Marketinglehre vier klassischen Marketinginstrumente: → Produktpolitik (engl. **P**roduct), → Preispolitik (engl. **P**rice), → Distributionspolitik (engl. **P**lace) und → Kommunikationspolitik (engl. **P**romotion).
Aufg. 165	2
Aufg. 166	5
Aufg. 167	5
Aufg. 168	3
Aufg. 169	5
Aufg. 170	a) Mit unterschiedlichsten Arten von Bildzeichen soll eine Verbindung zu einem Produkt oder einer Firma hergestellt werden. b) Hier werden Produkt-, Firmen- oder Fantasienamen mit einer speziellen Schrift verwendet. Sie bestehen aus einem Wort (manchmal auch aus mehreren Wörtern). c) Dies sind Symbole, die aus Einzelbuchstaben, Wortabkürzungen oder Zahlen bestehen. Die Zeichen werden oft auf künstlerische Weise verbunden. d) Mit der Eintragung der Marke beim Deutschen Patent- und Markenamt erwirbt der Inhaber regelmäßig das alleinige Recht, die Marke in Deutschland für die geschützten Produkte zu benutzen. e) Dieses Markensystem besteht darin, dass dem Inhaber der Marke mit einem einzigen Eintragungsverfahren in den 28 Mitgliedstaaten der Europäischen Union ein ausschließliches Recht gewahrt wird. f) Auf Grundlage der eingetragenen deutschen Marke wird ein Antrag auf internationale Registrierung bei der Weltorganisation für geistiges Eigentum (WIPO) gestellt. g) Diese Marke gibt an, dass die von der betreffenden Marke geschützten Waren oder Dienstleistungen von den Mitgliedern eines Verbands stammen und dass die Marke nur von diesen genutzt werden darf.

E LÖSUNGEN

Aufg. 171	Unique Selling Proposition (USP) ist das einzigartige Verkaufsargument für ein bestimmtes Produkt, das unverwechselbare Nutzenversprechen für die Zielgruppe, die kaufentscheidende Produkteigenschaft. Mit dieser Eigenschaft unterscheidet sich das Produkt eindeutig von den Angeboten der Konkurrenz. Mit dem USP wird die Marke gegenüber den Wettbewerbern positioniert. Synonym werden für den Begriff USP oft auch die Begriffe Alleinstellungsmerkmal oder Unique Value-Proposition verwendet.
Aufg. 172	4
Aufg. 173	5
Aufg. 174	3
Aufg. 175	4
Aufg. 176	5
Aufg. 177	1
Aufg. 178	1
Aufg. 179	5
Aufg. 180	4
Aufg. 181	2
Aufg. 182	3
Aufg. 183	4
Aufg. 184	2
Aufg. 185	4
Aufg. 186	a) 3, b) 4, c) 5, d) 7, e) 6, f) 8, g) 1, h) 2
Aufg. 187	4
Aufg. 188	1
Aufg. 189	Streugebiet: 4 Streukreis: 3 Streuzeit: 7
Aufg. 190	5
Aufg. 191	Kombination der unterschiedlichen Marketinginstrumente zur Erreichung der Unternehmensziele

B Geschäftsprozesse im E-Commerce – LÖSUNGEN

Aufg. 192

Maßnahme	Bereich des Marketings
Sponsoring, Platzierung von Produkten bei Events	Kommunikationspolitik
Marketingkampagne im Online-Shop laufen lassen, Produkte über Social-Media anbieten	Distributionspolitik
Produkte rabattieren, Produktkombinationen anbieten	Preispolitk
Sortimentserweiterung	Produktpolitk

Aufg. 193
Marketingmaßnahmen werden nur dann erfolgreich sein, wenn sie systematisch und sorgfältig geplant, durchgeführt und anschließend kontrolliert werden. Dieses Vorgehen wird durch konsequentes Aufstellen eines Marketingkonzepts unterstützt. Das Marketingkonzept enthält alle für eine Marketingmaßnahme wichtigen Informationen.

Aufg. 194
Das Gesetz gegen den unlauteren Wettbewerb (UWG) richtet sich gegen das unfaire Verhalten von Unternehmen, die gegen die guten Sitten im Geschäftsleben verstoßen.

Aufg. 195
Die Generalklausel ist allgemein formuliert. Sie verbietet grundsätzlich alle unlauteren geschäftlichen Handlungen, soweit es sich um keine Bagatellfälle handelt.

Aufg. 196
→ Schwarze Liste (zusätzliche konkrete Auflistung stets unzulässiger Wettbewerbshandlungen)

→ Verbot:
- unzumutbare Belästigungen
- Mondpreiswerbung
- Lockvogelwerbung
- vergleichende Werbung
- irreführende Werbung

Aufg. 197
Für Unternehmen wird heutzutage regelkonformes Verhalten (Fachbegriff: Compliance) immer wichtiger: Sie müssen sich an selbst gesetzte Regeln und auch an Gesetze halten, um Haftungs- und Imageschäden sowie weitere negative Folgen von Rechtsverstößen zu vermeiden. Großunternehmen verwenden dazu Compliance Managementsysteme zur Einhaltung von Regeln an. Dabei kann es sich unter ande

	rem handeln um Gesetze, Vorgaben von Aufsichtsbehörden, Anordnungen, Regeln und Weisungen innerhalb des Unternehmens. Compliance Managementsysteme werden immer mehr automatisiert und digitalisiert.
Aufg. 198	a) Aftersales-Services b) Customer-Relationship-Management c) technische Serviceleistungen d) kaufmännische Serviceleistungen e) One-to-One-Marketing f) Kundenkarte g) Kundenklubs h) Kundenzeitschriften i) Couponing
Aufg. 199	Warenbezogene Dienstleistungen von Webshops sind z. B.: ⇢ Produktberatung und Produktinformation ⇢ Gebrauchsanleitungen ⇢ Aufstellen und Inbetriebnahme von technischen Geräten ⇢ Garantiegewährung ⇢ Reparaturservice ⇢ Inspektions- und Wartungsservice ⇢ Ersatzteildienst ⇢ Ersatzbereitstellung im Falle von Reparatur und Wartung ⇢ Warenmanipulation Nicht warenbezogene Dienstleistungen, die von Unternehmen angeboten werden können, sind z. B.: ⇢ Übernahme von betrieblichen Funktionen der Kundinnen und Kunden (Rechnungswesen, Werbung usw.) ⇢ Überlassung von EDV-Kapazitäten ⇢ Unternehmensberatung ⇢ Personalschulung ⇢ Finanzierungshilfen
Aufg. 200	a) 2 b) 4 c) 2

	d) 3
	e) 4
	f) 4
	g) 1
	h) 3
	i) 1
	j) 4
	k) 2 und 3
Aufg. 201	4
Aufg. 202	Die Prüfung der Kundinnen und Kunden unter Ergebnisaspekten und die anschließende Entscheidung, zu welchen potenziellen Kundinnen und Kunden Geschäftsbeziehungen aufgenommen werden, wird als Kundenselektion bezeichnet. Der Kreis der möglichen Abnehmer wird damit eingeengt. Ziel der Kundenselektion ist die Bestimmung einer Zielgruppe unter Aussonderung unrentabler Kundinnen und Kunden. Die Marketingaktivitäten werden dann gezielt auf die gewinnversprechende Kundschaft gelenkt.
Aufg. 203	Kaufprozess – Kaufabwicklung – Konversionsrate – Käufer/-in – Besucher/-in – Usability – Benutzerfreundlichkeit – komfortable Bedienung
Aufg. 204	a) 3, b) 4, c) 5, d) 6, e) 7, f) 8, g) 9, h) 10, i) 11, j) 2, k) 1
Aufg. 205	a) Hierzu gehören alle klassischen Werbeinstrumente der Massenkommunikation (One-to-Many), die für eine breite Zielgruppe sichtbar und zweifelsfrei als Werbung erkennbar sind. Sie werden meist konventionell über analoge oder digitale Medien gestreut. b) ein Werbemittel der klassischen Werbung Ähnlich wie eine Printanzeige in einer Zeitung erscheint dieses auf einer Website, deren Betreiber hierfür digitale Werbeflächen anbietet. c) Dies ist die Produktseite des im Banner beworbenen Inhalts. d) der Anteil der Klicks an der Zahl der Einblendungen (Impressions), dient häufig zur Berechnung des Preises für eine Bannerschaltung

E LÖSUNGEN

e) beschreibt die Phasen, die der Kunde/die Kundin von der Wahrnehmung der Marke bis zum Kaufabschluss durchläuft

f) die inhaltliche und formale Abstimmung aller Kommunikationsmaßnahmen Die Erinnerung an die Marke wird erleichtert, die Präferenzen für die Marke verstärkt und der Markenwert gesteigert.

g) einer Zielgruppe die wesentlichen Unterschiede, Vorzüge und Qualitäten eines Produkts oder einer Dienstleistung im Vergleich zur Konkurrenz bewusst zu machen

h) ein Datensatz, z. B. die Daten eines Kunden, der sich für einen Newsletter anmeldet

i) der Anteil der Unique Visitors (einzelner Besucher/-innen) einer Website, die die gewünschte Aktion auch tatsächlich ausführen

Aufg. 206

a) führt die Nutzer/-innen zu einer bestimmten Produktseite auf der Webpräsenz des Merchants, die zum Inhalt der Affiliate-Seite passt

b) Hierbei handelt es sich, bezogen auf das Affiliate Marketing, um ein Tool, das der Merchant seinen Affiliates im Rahmen seines Partnerprogramms als Zusatzfunktion anbietet. Der Affiliate kann diese in seine Webseite einbinden. Sie werden in einem Fenster ausgeführt und sind stets mit der Website des Advertisers verknüpft.

c) lukrative Keywords, die relativ unauffällig in redaktionelle Beiträge eingesetzt und zur Webpräsenz des entsprechenden Advertisers verlinkt werden Kundinnen und Kunden, die sich mit einem bestimmten Thema beschäftigen und einen Blog-Artikel lesen, werden als Interessenten/Interessentinnen über einen Klick auf diesen auf die Seite des Merchants geleitet und erhalten hier Angebote, die genau zu ihrem Interessengebiet passen und ihnen im besten Fall bei der Lösung eines Problems helfen.

d) ein Datensatz, der wichtige Informationen zu einem Artikel enthält, z. B. die Bezeichnung, eine ausführliche Beschreibung, die technischen Daten sowie den Preis und einen Bildlink

e) ein Begriff aus dem Onlinemarketing, der die Registrierung und Analyse des Nutzerverhaltens im Internet meint Diese Methoden erfassen die Bewegungsdaten eines Users und erstellen daraus ein Kundenprofil, aus dem sich individuelle Vorlieben und Interessen einzelner Personen ablesen lassen.

f) kleine Textdateien, die durch den Browser der Nutzer/-innen gespeichert werden, wenn er die Website eines Merchants besucht. Wenn eine Nutzerin/ein Nutzer auf einen Affiliate Link klickt und darüber auf die Website des Merchants gelangt, wird im Browserverlauf der Nutzerin/des Nutzers diese Textdatei gespeichert, der die Affiliate ID erkennt.

g) Die Sitzung des Nutzers wird verfolgt. Alle Nutzer/-innen, die über einen Affiliate Link auf die Website eines Merchants gelangen, erhalten eine einmalige Session-ID, die auch die ID des Affiliates registriert. Das Surfverhalten und die Transaktionen der Nutzer/-innen werden während ihres Besuchs auf der Website erfasst.

h) Diese neue Tracking-Methode basiert auf der Identifizierung der Nutzer/-innen auf der Basis eines „Fingerabdrucks". Dabei wird eine digitale Signatur des Endgerätes erstellt, das die Nutzer/-innen gerade verwenden.

i) wird von Affiliate-Netzwerken genutzt, um erfolgreiche Conversions ihrer Vertragspartner auszulesen Dazu gehören die Höhe des Umsatzes sowie der Name des Affiliates, über dessen Seite der Nutzer in den Onlineshop gelangt ist. Es handelt sich um eine Grafik im GIF-Format innerhalb eines HTML-Codes, der sich z. B. auf der Danke-Seite des Merchants befindet.

j) Anzahl der Sichtkontakte. Wie oft haben Nutzer/-innen ein bestimmtes Werbemittel, z. B. einen Affiliate Link, gesehen?

k) Anzahl der Klicks. Wie viele Nutzer/-innen haben auf diesen Link geklickt?

l) der prozentuale Anteil der Ad-Clicks an den Ad Impressions

m) Anzahl der Leads, d. h. der Datensätze von Nutzer/-innen, die sich für das Angebot des Merchants interessieren, weil sie sich für einen Newsletter anmelden, für einen Download registrieren oder einen Beratungstermin vereinbaren

E LÖSUNGEN

	n)	Anzahl der tatsächlichen Bestellungen von Kundinnen und Kunden, die aufgrund des geschalteten Werbemittels zu Kaufverträgen und damit zur Generierung von Umsatz geführt haben
	o)	prozentualer Anteil der Nutzer/-innen, die die gewünschte Handlung ausgeführt haben, gemessen an der Zahl der Besucher/-innen einer Website
Aufg. 207	a)	Frequency Capping
	b)	Geo Targeting
	c)	Low-Involvement-Produkte
	d)	Keyword Targeting
	e)	High-Involvement-Produkte
	f)	Profile Targeting
	g)	On-Site Behavioral Targeting
	h)	Predictive Behavioral Targeting
	i)	technisches Targeting
	j)	Retargeting
	k)	Zeit-Targeting
	l)	Kontext-Targeting
	m)	Network Behavioral Targeting
	n)	semantisches Targeting
	o)	Ad Networks
	p)	Behavioral Targeting
Aufg. 208	Werbeerfolgskontrolle – Onlinemarketing-Maßnahmen – Onlinetools – Veränderungen – Besucherbewegungen – woher – Verhalten – ausgewertet	
Aufg. 209	a)	1
	b)	3
	c)	2
	d)	2
	e)	1
	f)	1
	g)	2
	h)	4
	i)	1 und 2

B Geschäftsprozesse im E-Commerce – LÖSUNGEN

Aufg. 210	a) 1 b) 1 c) 1 und 2 d) 3 und 4 e) 2, 3 und 4 f) 1
Aufg. 211	→ Werbung in lokalen Online-Publikationen → Optimierung der Webseite (z. B. durch den Domain-Namen, META-Tags usw.) → Mobile Werbeanzeigen → Eintrag in regionalen Online-Verzeichnissen → Regionale Suchmaschinenoptimierung
Aufg. 212	1. Formel: Conversion Rate = Bestellung bestätigt / Unique Visitors · 100 % Conversion Rate T-Shirt = 234 / 1.123 · 100 % = 21,84 % Conversion Rate Schuhe = 122 / 697 · 100 % = 17,50 % Conversion Rate Accessories = 523 / 1.359 · 100 % = 38,48 % 2. Retourenquote = Bestellung zurückgegeben / Bestellung versandt · 100 Retourenquote Accessories = 23 / 493 · 100 = 4,67 % 3. Stückdeckungsbeitrag = Nettoumsatzerlös – Wareneinsatz – variable Handlungkoten Nettoumsatzerlös = 89,90 / 1.19 = 75,55 € Stückdeckungsbeitrag = 75,55 € – 37,50 € – 12,75 € = 25,30 € 4. Kurzfristige Preisuntergrenze = Bezugspreis (Wareneinsatz) + variable Handlungskosten Kurzfristige Preisuntergrenze Schuhe = 37,50 € + 12,75 € = 50,25 €
Aufg. 213	1
Aufg. 214	a) 2, 3, 4 und 5 b) 1 c) 1, 2 und 3 d) 2

	e) 2 f) 1 g) 2 h) 1 i) 1, 2, 3 und 4 j) 2
Aufg. 215	A/B-Tests dienen der Optimierung eines Webshops. Bei dieser auch als Split-Test bekannten Methode können zum Beispiel zwei Versionen einer Seite des Webshops (Version A und Version B) – „live" während des Geschäftsverkehrs – praktisch miteinander verglichen werden. Dabei werden die potenziellen Kunden entweder zu der einen oder anderen Version geleitet. Durch Auswertung der jeweils entsprechenden Konversionsraten bzw. Interaktionen kann ermittelt werden, welche der beiden Webshopseiten aus Sicht des Unternehmens effektiver ist.
Aufg. 216	Das Grundprinzip eines multivarianten Tests ähnelt dem eines A/B-Tests. Es wird jedoch eine größere Anzahl von Möglichkeiten (Variablen) getestet. Dieses Testverfahren eignet sich nur für Seiten mit sehr hohem Traffic.
Aufg. 217	Auf einer 404-Fehler-Seite wird darauf hingewiesen, dass es die angeforderte Seite des Webshops nicht mehr gibt. Der aufgerufene Link ist entweder falsch geschrieben oder existiert nicht mehr.
Aufg. 218	Ein Webshop liefert eine Null-Treffer-Seite, wenn für den Besucher aufgrund seiner Suchanfrage kein passender Inhalt oder kein Produkt gefunden werden kann.
Aufg. 219	SEM ist die Abkürzung für Search Engine Marketing und steht für das Suchmaschinenmarketing. Dieses umfasst sowohl die Suchmaschinenoptimierung (SEUO) und die Suchmaschienwerbung (SEA).
Aufg. 220	Beim Retargeting werden die Besucher/-innen eines Webshops durch unterschiedliche technische Verfahren markiert und später dann gezielt mit entsprechender passender Werbung angesprochen. Vom Retargeting erhofft man sich eine Erhöhung der Werberelevanz für die Besucher/-innen und eine bessere Ansprache der möglichen Zielgruppen. Diese sollen zum potenziellen Wiederkehren gebracht werden.

B Geschäftsprozesse im E-Commerce – LÖSUNGEN

Aufg. 221 Cookies sind kleine Dateien, die automatisch auf dem Computer oder Smartphone der Besucher/-innen des Webshops gespeichert werden, wenn er diesen besucht. Cookies enthalten verschiedene Informationen zum Verhalten der möglichen Kundinnen und Kunden.

Aufg. 222 Ein Adserver ist ein Server im Internet, der für die Platzierung von Werbemitteln sorgt. So werden dort beispielsweise die Banner einer Werbekampagne gespeichert und dann gezielt an die Kundschaft ausgespielt. Auf Adservern erfolgt also auch eine Überwachung der Werbemaßnahmen. Sie sorgen auch für unterschiedliche Berichte.

Aufg. 223 Newsletter – übersichtlich – Links – Homepage – direkt – E-Mailing – Stand-alone-E-Mails – Neukundinnen/Neukunden – Einverständniserklärung – Trigger-E-Mail – Transaction-E-Mails – Aftersales-E-Mails

Aufg. 224
a)
⇢ statische Banner
⇢ animierte Banner
⇢ Pop ups
⇢ Layer Ads
⇢ Floor Ads
⇢ Sticky Ads
⇢ Nanosite Banner
⇢ Expandable Banner
⇢ Streaming Banner

b)
⇢ Pre-Roll
⇢ Super Banner
⇢ Medium Rectangle
⇢ Skyscraper
⇢ Billboard Ad
⇢ Sitebar
⇢ Native Ads
⇢ Interstitials

Aufg. 225
a) Multimedia Marketing
b) Cross Media Marketing
c) Mobile Marketing
d) Guerilla Marketing
e) Social Media Marketing
f) virales Marketing
g) Influencer Marketing

E LÖSUNGEN

Aufg. 226	Synchrone Kommunikationskanäle: Telefonanrufe, Live-Chat, Videocalls
	Asynchrone Kommunikationskanäle: E-Mails, Soziale Medien (z.B. Nachrichten über Facebook oder LinkedIn), Briefe
Aufg. 227	Um potenzielle Influencerinnen und Influencer auszuwählen und einen Imageschaden zu vermeiden, ist es wichtig, die Grundsätze des Unternehmens zu prüfen. Dabei sollten verschiedene Auswahlkriterien berücksichtigt werden: ↝ Untersuchung des bisherigen Verhaltens der Influencer/-innen in politischen, religiösen und ethischen Beiträgen. ↝ Analyse der bisherigen Zielgruppenansprache der Influencer/-innen. ↝ Überlegung, ob die potenziellen Influencer/-innen zur Unternehmensbotschaft und der gewünschten Außendarstellung passen.
Aufg. 228	↝ Abnahme der Stammkundschaft, da diese zur Konkurrenz abwandert. ↝ Rückzug von Partnerunternehmen und Lieferanten. ↝ Verlust von Marketingmöglichkeiten wie Sponsoring und Eventmarketing. ↝ Rückgang der Umsatzzahlen. ↝ Beeinträchtigung des Ansehens des Unternehmens in der Öffentlichkeit.
Aufg. 229	↝ Popularität (Anzahl Follower) ↝ Reichweite (regional, national oder global) ↝ Auswahl der genutzten Social-Media-Kanäle ↝ Art und Weise der Präsenz auf Social-Media-Kanälen ↝ Honorar der Influencer/-innen
Aufg. 230	1
Aufg. 231	Eine semantische Suchmaschine versucht den Inhalt der einzelnen Suchbegriffe zu verstehen, Verknüpfung dazu herzustellen und die Ergebnisse so zu generieren, dass sie zu den Absichten der Nutzer/-innen passen.
Aufg. 232	Beim Monitoring werden vom Webshop regelmäßig Daten von allen Mitbewerbern gesammelt und verglichen. Betreibt er auch Benchmarking, vergleicht er dann ständig seine Artikel, Prozesse, Serviceleistungen Umsätze, Erlöse usw. mit

	den Werten der besten Mitbewerber. Das Benchmarking ist also eine vergleichende Analyse unter Zuhilfenahme eines Vergleichsmaßstabs (Benchmark). Das Hauptziel des Benchmarkings ist die Gewinnung von Informationen, mit denen die unterschiedlichen unternehmerischen Prozesse des Webshops verbessert werden können.
Aufg. 233	Regionales Onlinemarketing umfasst Maßnahmen im Onlinemarketing, die darauf abzielen, die Aufmerksamkeit regionaler Zielgruppen für ein lokales Unternehmen oder die regionalen Angebote eines landesweit tätigen Unternehmens gezielt zu erhöhen.
Aufg. 234	Beim nettopreisbezogenen Preisstellungssystem wird der Großhandelsverkaufspreis für die Abnehmer nachvollziehbar gebildet, indem zum Bezugspreis des Großhandelsbetriebes ein Kosten- und Gewinnzuschlag addiert wird. Von diesem Preis werden den Abnehmern keine Rabatte mehr gewährt. Beim Bruttopreissystem werden den Abnehmern dagegen auf einen Bruttopreis Rabatte unterschiedlicher Höhe gewährt.
Aufg. 235	Bei der räumlichen Preisdifferenzierung wird die gleiche Ware an verschiedenen Orten zu verschiedenen Preisen angeboten. Bei der personellen Preisdifferenzierung wird die gleiche Ware unterschiedlichen Kundengruppen zu unterschiedlichen Preisen angeboten. Bei der zeitlichen Preisdifferenzierung wird die gleiche Ware oder Dienstleistung zu verschiedenen Zeiten zu unterschiedlichen Preisen angeboten. Bei der mengenmäßigen Preisdifferenzierung wird bei Abnahme größerer Mengen einer Ware ein günstigerer Preis gewährt.
Aufg. 236	Repricing sorgt mithilfe extra dafür entwickelter Programme für eine automatische Preisoptimierung. Dazu werden die Marktpreise der Mitbewerber kontinuierlich überwacht

E LÖSUNGEN

Aufg. 237 Der Listenverkaufspreis netto beträgt 734,69 €.

Begriff	Berechnung in €
Bezugspreis (Einstandspreis)	300,00
+ Handlungskostenzuschlag	150,00
= Selbstkostenpreis	450,00
+ Gewinnzuschlag	90,00
= Barverkaufspreis	540,00
+ Kundenskonto	11,02
= Zielverkaufspreis	551,02
+ Kundenrabatt	183,67
= Listenverkaufspreis, netto	734,69

Aufg. 238 a)

Position		Angabe in € oder in %	Betrag in €
	Listeneinkaufspreis		99,0000
−	Lieferantenrabatt	2 %	1,9800
=	Zieleinkaufspreis		97,0200
−	Lieferantenskonto	2 %	1,9404
=	Bareinkaufspreis		95,0796
+	Bezugskosten	3,00 €	3,0000
=	Einstandspreis (Bezugspreis)		98,0796
+	Handlungskosten	18 %	17,6543
=	Selbstkosten		115,7339
+	Gewinnzuschlag	16,98 %	19,6516
=	Barverkaufspreis		135,3855
+	Provision	10 %	15,0428
=	Zielverkaufspreis		150,4284
+	Kundenrabatt	0 %	0,0000
=	Listenverkaufspreis (netto)		150,4284
+	Umsatzsteuer	19 %	28,5814
=	Listenverkaufspreis (brutto)		179,0098

B Geschäftsprozesse im E-Commerce – LÖSUNGEN

	Das Unternehmen macht einen Gewinn in Höhe von 19,65 €. Dieses entspricht einem prozentualen Wert in Höhe von 16,98 %. b) Kalkulationsfaktor = Listenverkaufspreis/Bezugspreis = 150,42 €/98,08 € = 1,53
Aufg. 239	Der Kalkulationszuschlag beträgt somit 99,98 % | Begriff	Berechnung in €
Bezugspreis (Einstandspreis)	100,00
+ Handlungskostenzuschlag	30,00
= Selbstkostenpreis	130,00
+ Gewinnzuschlag	26,00
= Barverkaufspreis	156,00
+ Kundenskonto	3,18
= Zielverkaufspreis	159,18
+ Kundenrabatt	39,80
= Listenverkaufspreis, netto	198,98 | Der Listenverkaufspreis netto beträgt dann 39,79 €. Berechnung. 0,9898 · 20 = 19,790 + 19,79 = 39,79
Aufg. 240	Listenverkaufspreis = (43,00 € · 75 %) + 43,00 € = 75,25 €
Aufg. 241	a) 11, b) 10, c) 9, d) 8, e) 5, f) 7, g) 6, h) 4, i) 3, j) 2, k) 1
Aufg. 242	5
Aufg. 243	4
Aufg. 244	1, 2, 3, 4, 5, 8, 9
Aufg. 245	6, 1, 5, 3, 4, 7, 2
Aufg. 246	3, 2, 4, 1
Aufg. 247	Bilanz – Bilanzveränderungen – vier – Aktiv-Passiv-Mehrung – Passivpositionen – erhöht – Bilanzverlängerung – Aktiv-Passiv-Minderung – verringert – Bilanzverkürzung – Aktivtausch – Bilanzsumme – Aktivkonto – Passivtausch – vermindert – Eigenkapitals
Aufg. 248	2

E LÖSUNGEN

Aufg. 249	richtig: 3, 4, 5, 7, 8, 10 falsch: 1, 2, 6, 9, 11
Aufg. 250	a) Bank an Forderungen b) Darlehen an Bank c) Kasse an Bank d) Bank an Fuhrpark und Umsatzsteuer e) Bank an Darlehen f) Bank an Kasse g) Verbindlichkeiten an Bank h) Fuhrpark und Vorsteuer an Verbindlichkeiten
Aufg. 251	1
Aufg. 252	5
Aufg. 253	organisiert – ordnungsgemäßer – zeitlicher – Grundbuch – Journal – Buchungsnummer – Belegnummer – Kontierung – sachlichen – Gewinn – Kontenrahmen – Aktiva – vierstellige – Kontenklasse – Kontenplan
Aufg. 254	2
Aufg. 255	richtig: 2, 3, 6, 8, 9, 10 falsch: 1, 4, 5, 7
Aufg. 256	2 und 5
Aufg. 257	4
Aufg. 258	2 und 3
Aufg. 259	a) 5, b) 7, c) 8, d) 9, e) 4, f) 10, g) 4, h) 6, i) 3, j) 2
Aufg. 260	richtig: 3, 4, 7, 8 falsch: 1, 2, 5, 6, 9
Aufg. 261	Das Eröffnungsbilanzkonto ist ein Hilfskonto des internen Rechnungswesens, um den Grundsatz der doppelten Buchführung (Soll- an Haben-Buchung) einhalten zu können. Es enthält dieselben Informationen wie die Eröffnungsbilanz, allerdings spiegelverkehrt. Es gelten nicht die strengen Formvorschriften wie bei der Bilanz.
Aufg. 262	SBK als Konto des internen Rechnungswesens besteht aus Soll- und Habenseite, das externe Konto Schlussbilanz aus Aktiv- und Passivseite. SBK hat keine Gliederungsvorschrift.

B Geschäftsprozesse im E-Commerce – LÖSUNGEN

Aufg. 263	1
Aufg. 264	2
Aufg. 265	Die Umsatzsteuer-Zahllast eines Unternehmens ergibt sich aus dem Umsatzsteuerkonto und wird in der Regel im nächsten Monat durch eine Banküberweisung beglichen. Die Umsatzsteuerzahllast stellt also im Prinzip eine Verbindlichkeit (hier gegenüber dem Finanzamt) dar. Am Jahresende müssen alle Konten abgeschlossen werden: Das Umsatzsteuerkonto wird dann über das Schlussbilanzkonto abgeschlossen. Dadurch wird die Umsatzsteuer-Zahllast Bestandteil der Passiv-Seite der Bilanz – also passiviert.
Aufg. 266	3 an 4 (Umsatzsteuer an SBK)
Aufg. 267	2
Aufg. 268	5
Aufg. 269	(1) Einzahlung, aber keine Einnahme (2) Einzahlung und Einnahme (3) Einnahme, aber keine Einzahlung (4) Auszahlung, aber keine Ausgabe (5) Auszahlung und Ausgabe (6) Ausgabe, aber keine Auszahlung (7) Einnahme, aber kein Ertrag (8) Ausgabe, aber kein Aufwand (9) Einnahme und Ertrag (10) Ausgabe und Aufwand (11) Ertrag, aber keine Einnahme (12) Aufwand, aber keine Ausgabe (13) Erträge, aber keine Leistungen (14) Aufwand, aber keine Kosten (15) Erträge und Leistungen (16) Aufwand und Kosten (17) Leistungen, aber keine Erträge (18) Kosten, aber kein Aufwand

E LÖSUNGEN

Aufg. 270

Ergebnistabelle Exclusiva GmbH

	Rechnungskreis I		Rechnungskreis II					
	Geschäftsbuchführung		Abgrenzungsrechnung				KLR	
	Erfolgsrechnung		Unternehmensbezogene Abgrenzungen		Kostenrechnerische Korrekturen		Betriebsergebnisrechnung	
Bezeichnung	Aufwendungen	Erträge	neutrale Aufwendungen	neutrale Erträge	betriebliche Aufwendungen	verrechnete Kosten	Kosten	Leistungen
Umsatzerlöse		312.000,00						312.000,00
Mieterträge		12.600,00		12.600,00				
Zinserträge		9.000,00		9.000,00				
Roh-, Hilfs- und Betriebsstoffe	133.000,00						133.000,00	
Löhne	60.000,00						60.000,00	
Soziale Abgaben	23.000,00				23.000,00	12.000,00	12.000,00	
Abschreibungen auf Sachanlagen	20.500,00				20.500,00	12.000,00	12.000,00	
Werbung	20.000,00		5.000,00				5.000,00	
Versicherungen	60.000,00					15.000,00	60.000,00	
Kalkulatorischer Unternehmerlohn						50.000,00	50.000,00	
Summen	264.500,00	333.600,00	5.000,00	21.600,00	43.500,00	74.000,00	290.000,00	312.000,00
Salden	69.100,00		16.600,00		30.500,00		22.000,00	
Summen	333.600,00	333.600,00	21.600,00	21.600,00	74.000,00	74.000,00	312.000,00	312.000,00
Ergebnis	Unternehmensergebnis		Ergebnis aus Unternehmensbezogener Abgrenzung		Ergebnis aus kosten- und leistungsrechnerischen Korrekturen		Betriebsergebnis	
	69.100,00		16.600,00		30.500,00		22.000,00	

B Geschäftsprozesse im E-Commerce – LÖSUNGEN

Aufg. 271

a) Kosten, die für den Betrieb insgesamt anfallen, können aber nicht direkt einem Kostenträger zugerechnet werden.

b) Die variablen Kosten nehmen bei steigender Ausbringungsmenge stärker zu.

c) Kosten, die einem einzelnen Kostenträger (z. B. einem Artikel) direkt zugerechnet werden können. Oft werden sie auch als direkte Kosten bezeichnet.

d) Diese Kosten bleiben bei Schwankungen der Auslastung konstant.

e) Die variablen Kosten verändern sich im gleichen Verhältnis wie die Ausbringungsmenge.

f) Diese Kosten verändern sich als mengenabhängige Kosten bei Änderung der Produktions- bzw. Absatzmenge.

g) Ab einer bestimmten Ausbringungsmenge ändert sich – sprunghaft – die Höhe der Fixkosten.

h) Je mehr ein Unternehmen produziert, desto stärker wird sich dessen Kostenstruktur verbessern

i) Dies sind Kosten, die in gleicher Höhe sowohl als Aufwand in die Geschäftsbuchführung eingehen als auch als Kosten in der Kostenrechnung verrechnet werden.

j) Kosten, die nicht direkt einer Aufwandsart der Geschäftsbuchführung entsprechen

Aufg. 272

Leistungseinheit – Verursachungsbereichen – unwirtschaftliche – Einheiten – Unternehmung – Kostensteigerung – Verantwortungsträger – Hauptkostenstellen – direkte – Kostenstellenplan – Funktionsbereichen – Vertrieb – Nebenkostenstellen – Verwaltung – Gemeinkosten – Kostenträger – Verwaltung – Betriebsabrechnungsbogen – BAB – Kostenverursachung – Zuschlagssätze – Kostenstelle – Prozentsatz – kostet

Aufg. 273

4

E LÖSUNGEN

Aufg. 274	Produkt – Erfolg – Kostenträgern – Kostenträgerrechnung – Vollkostenrechnung – fixen – Selbstkosten – Teilkostenrechnung – variablen – betriebswirtschaftlicher – Fixkosten – Verkaufspreis – Deckungsbeitrag – Betriebsgewinn – Verkaufserlösen – Stück – Periode – Preisuntergrenze – wirtschaftlich
Aufg. 275	1
Aufg. 276	1
Aufg. 277	3
Aufg. 278	5
Aufg. 279	1
Aufg. 280	3
Aufg. 281	a) Der Deckungsbeitrag pro Stück beträgt 2,60 € (5,00 € – 2,40 €). $$\text{Break-Even-Point} = \frac{\text{Fixkosten}}{\text{Deckungsbeitrag pro Stück}}$$ b) $\text{Break-Even-Point} = \frac{16\,000,00\ \text{€}}{2,60\ \text{€}} = 6\,154$ Stück (gerundet) Der Break-Even-Point liegt bei 6 154 Stück.
Aufg. 282	Formeln: Erlöse – variable Kosten = Deckungsbeitrag Deckungsbeitrag – Fixkosten = Betriebsergebnis Betriebsergebnis + Fixkosten = Deckungsbeitrag 43.200,00 € + 39.750,00 € = 82.950,00 €
Aufg. 283	Preisuntergrenze spielen also für den kurzfristigen und langfristigen Erhalt von Unternehmen eine bedeutende Rolle. Eine Preisuntergrenze gibt Auskunft über den Mindestpreis, den ein Unternehmen für einen Artikel (bzw. eine Dienstleistung) mindestens fordern muss, damit es keine Verluste macht.

Bei der Berechnung der **kurzfristigen Preisuntergrenze** ermittelt man den Mindestpreis für ein Produkt, der die variablen Kosten abdeckt. Ein Preis in dieser Höhe sichert die Existenz des Unternehmens für eine begrenzte Zeit. Dieser Preis deckt die variablen Kosten ab, die dem Unternehmen durch die Produktion entstehen.

Die kurzfristige Preisuntergrenze wird mit der folgenden Formel berechnet:

Kurzfristige

$$\text{Preisuntergrenze} = \frac{\text{Summe der variablen Kosten}}{\text{Stückzahl}}$$

Wird dagegen die **langfristige Preisuntergrenze** berechnet, ermittelt man den Mindestpreis eines Produktes, der die Stückkosten abdeckt. Damit entspricht die langfristige Preisuntergrenze den Selbstkosten. Dadurch ist sichergestellt, dass sie das Unternehmen über längere Zeit erhalten kann, ohne Verluste oder Gewinne zu erzielen.

Die langfristige Preisuntergrenze wird mit der folgenden Formel berechnet:

Langfristige

$$\text{Preisuntergrenze} = \frac{\text{Summe der variablen Kosten + Fixkosten}}{\text{Stückzahl}}$$

Aufg. 284

Es wird zunächst die kurzfristige Preisuntergrenze berechnet:

Kurzfristige

$$\text{Preisuntergrenze} = \frac{\text{Summe der variablen Kosten}}{\text{Stückzahl}}$$

Kurzfristige

$$\text{Preisuntergrenze} = \frac{100\,000 + 12\,000 + 30\,000}{20\,000} = 7{,}10 \; €$$

Die kurzfristige Preisuntergrenze liegt bei 7,10 €.

Wenn die Produkte mindestens zu diesem Stückpreis verkauft werden, sind die variablen Kosten gedeckt. Dann wird die langfristige Preisuntergrenze errechnet:

	Langfristige Preisuntergrenze = $\dfrac{\text{Summe der variablen Kosten} + \text{Fixkosten}}{\text{Stückzahl}}$ Langfristige Preisuntergrenze = $\dfrac{(100\,000 + 12\,000 + 30\,000) + (20\,000 + 80\,000)}{20\,000} = 12{,}10\ €$ Die langfristige Preisuntergrenze beträgt bei 12,10 €. Um alle Gesamtkosten pro Stück zu decken, muss die Indus GmbH ihre Produkte mindestens zu diesem Preis verkaufen.
Aufg. 285	a) 5, b) 2, c) 1, d) 6, e) 3, f) 4
Aufg. 286	3
Aufg. 287	3
Aufg. 288	4
Aufg. 289	KPIs sind Key performance Indicators. Dies sind Kennzahlen, die die Unternehmenssituation beschreiben. Sie sind die Grundlage des Controllings.
Aufg. 290	Für eine Analyse, wie der eigene Webshop am Markt positioniert ist und wie er sich gegebenenfalls verändern bzw. verbessern könnte, bietet sich das Controllinginstrument der SWOT-Analyse an. Hiermit wird ausgewertet, welche internen Stärken und Schwächen der Webshop hat, aber auch welchen Chancen und Risiken er unterliegt. Im Rahmen der 2-Analyse gibt es vier Betrachtungspunkte: ⇾ Strenghts (Stärken) ⇾ Weaknesses (Schwächen) ⇾ Opportunities (Chancen) ⇾ Threats (Risiken) Stärken und Schwächen sind interne Faktoren, die im Shop selbst ihre Ursachen haben können. Es geht dabei also um den Ist-Zustand des Webshops.

Die Aspekte Chancen und Risiken dagegen beziehen auch die potentiellen Kundengruppen, den Markt und die Konkurrenz mit in die Auswertung ein. Der Fokus liegt hier in der zukünftigen Entwicklung des Webshops. Gefragt wird, wie sich der Shop (und sein Umfeld) zukünftig entwickeln kann.

Die vier Aspekte der SWOT-Analyse werden oft in einer Tabelle bzw. Matrix dargestellt:

Strength – Stärken	Weaknesses – Schwächen
→ Was ist der Vorteil des Webshops am Markt? → Was kann der Webshop besser als die Mitbewerber?	→ Hat der Webshop einen Nachteil am Markt? → Was wirkt sich negativ auf den Erfolg des Webshops am Markt aus?
Opportunities – Chancen	**Threats – Risiken**
→ Welche Entwicklungen können für den Markt positive Potenziale bedeuten?	→ Welche Gefahren können zukünftig auftreten, die sich nachteilig auf den Webshop auswirken können, zu Verlusten oder Nachteilen führen können?

Die Ergebnisse der SWOT-Analyse helfen, Handlungsfelder für Verbesserungen im Webshop zu finden, dessen Potenziale effizient zu nutzen und mögliche Gefahren für ihn zu erkennen und einzugrenzen.

Aufg. 291
a) Add Impression
b) CPO (Cost per Order)
c) Break-Even-Point
d) Click Through Rate
e) Ad-Clicks
f) Keyworddichte (Keyword Density)

Aufg. 292 Web Analytics stellen eine Art Werbeerfolgskontrolle für Onlinemarketing-Maßnahmen dar. Es werden Besucherströme auf Websites gemessen. Es wird ausgewertet, woher die Nutzer kommen und welches Verhalten sie auf der Website aufweisen.

E LÖSUNGEN

Aufg. 293

Mit der Kundenwertanalyse können Kundinnen und Kunden nach ihrer Wichtigkeit eingeteilt werden. Im Rahmen einer solchen Untersuchung strebt man an, in Zukunft die für die Betreuung der Kundschaft anfallenden Ausgaben auf die besten Käufer innen und Käufer zu konzentrieren. Unterschieden wird dabei zwischen

→ Bestandsanalyse: Diese informiert über die aktuelle Bedeutung der einzelnen Kunden für das Unternehmen. Bestandsgrößen wie zum Beispiel der Umsatz sind zwar leicht zu ermitteln und eindeutig, aber nicht in jedem Fall aussagekräftig.

→ Bei der Potenzialanalyse fließen zwar die bisherigen Umsatzdaten auch als Grundlage in die Untersuchung ein, sind jedoch – im Gegensatze der Bestandsanalyse – nicht das zentrale Untersuchungsmerkmal. Vielmehr wird hier analysiert, bei welcher Kundschaft sich deren Bestellungen mit einem angemessen Aufwand erhöhen lässt. Die Potenzialanalyse hat also den Fokus auf künftige Geschäftsbeziehungen in der Zukunft gelegt.

Aufg. 294

Es gibt zwei Verfahren der Kundenwertermittlung:

→ Die *ABC-Analyse*: Sie teilt Kundinnen und Kunden in drei Gruppen (A, B, C) ein, die dann unterschiedlich behandelt werden.

→ Customer Lifetime Value: Anders als die ABC-Analyse, die den Wert einer Kundin in der Vergangenheit beachtet, konzentriert sich der *Customer Lifetime Value*-Ansatz nicht nur auf den gegenwärtigen Wert einer Kundin, sondern mehr auf deren zukünftige Entwicklung.

Aufg. 295

Die Eigenkapitalrentabilität gibt die Rendite des eingesetzten Eigenkapitals an. Sie ergibt sich aus dem Verhältnis von Gewinn und Eigenkapital und wird üblicherweise in Prozent angegeben.

Eigenkapitalrentabilität (in Prozent) = Gewinn / Eigenkapital

Mit der Gesamtkapitalrentabilität wird die Verzinsung des im Unternehmen eingesetzten Kapitals ermittelt. Dabei wird sowohl das Eigen- als auch Fremdkapital berücksichtigt.

Gesamtkapitalrentabilität (in Prozent) = (Gewinn + Fremdkapitalzinsen) / Gesamtkapital · 100

Aufg. 296	a) Eigenkapitalrentabilität = Gewinn / Eigenkapital · 100 127.213,78 € / 238.293,12 € · 100 = 53,39 % Die Eigenkapitalrentabilität beträgt 53,39 %. b) Umsatzrentabilität = Gewinn / Umsatzerlöse · 100 127.213,78 € / 1.209.928,32 € · 100 = 10,51 % Die Umsatzrentabilität beträgt 10,51 %. c) Liquidität 1. Grades = (Bank+Kasse)/ Verbindlichkeiten aus Lieferungen und Leistungen · 100 (81.384,29 €+8.324,23 €)/67.785,86 € · 100 = 132,34 % Die Liquidität 1. Grades beträgt 132,34 %. Liquidität 2. Grades = (Bank + Kasse + Forderungen aus Lieferungen und Leistungen) / Verbindlichkeiten aus Lieferungen und Leistungen · 100 (81.384,29 € + 8.324,23 € + 23.433,34 €) / 67.785,86 € · 100 = 166,91 % Die Liquidität 2. Grades beträgt 166,91 %. d) → Die betrachteten Kennzahlen unterstützen die Analyse der wirtschaftlichen Entwicklung. → Die betrachteten Kennzahlen dienen als Informationsquelle für strategische Entscheidungen und Maßnahmen im Unternehmen. → Die betrachteten Kennzahlen bieten eine Grundlage für den Vergleich, sowohl innerhalb der Branche als auch zwischen Unternehmen.
Aufg. 297	2
Aufg. 298	Ein Lieferungsverzug oder eine Nicht-rechtzeitig-Lieferung liegt vor, wenn die/der Verkäufer/-in nicht oder nicht rechtzeitig liefert.

Aufg. 299	→ die Fälligkeit der Lieferung
	→ Mahnung
	• erforderlich bei nicht bestimmbarem Liefertermin
	• nicht erforderlich bei:
	  ◦ kalendermäßig bestimmbarem Liefertermin
	  ◦ Selbstinverzugsetzung durch den Lieferer
	  ◦ Fix- oder Zweckkauf

E LÖSUNGEN

	→ Ein Verschulden der Verkäufer/-innen ist nicht erforderlich bei: • Gattungskauf • Fixkauf
Aufg. 300	→ bei Interesse an einer Lieferung das Bestehen auf der Lieferung und gegebenenfalls Schadensersatz wegen Verzögerung → bei keinem Interesse mehr an einer Lieferung der Rücktritt vom Vertrag und eventuell Schadensersatz wegen der Verzögerung
Aufg. 301	5
Aufg. 302	1, 4, 3, 5, 2
Aufg. 303	a) (Analoge) Waren sind rein physische Güter. Sie haben für den Menschen einen Gebrauchswert und werden deshalb gehandelt. Es sind Produkte ohne digitale Elemente. b) Digitale Produkte umfassen alle digitalen Inhalte und Dienstleistungen, die Gegenstand von Kaufverträgen (aber auch von Dienstverträgen, Werkverträgen oder Mietverträgen) sind. Digitale Produkte können auf einem Datenträger gespeichert sein oder aus dem Internet geladen werden. Zu den digitalen Produkten zählen auch digitale Dienstleistungen, die es zum Beispiel Verbrauchern ermöglichen, Daten digitaler Form zu erstellen, zu verarbeiten, zu speichern und zu nutzen bzw. einen Zugang zu solchen Daten zu bekommen. c) Waren mit digitalen Elementen sind im Vergleich mit digitalen Produkten eher körperliche Gegenstände, die aber digitale Inhalte bzw. digitale Dienstleistungen umfassen.
Aufg. 304	→ Subjektive Anforderungen: Die Kaufsache muss dem entsprechen, was Käufer/-in und Verkäufer/-in im Vertrag im Hinblick auf die Beschaffenheit vereinbart haben. → Objektive Anforderungen: Die Kaufsache muss sich für die branchenübliche Verwendung eignen oder eine Beschaffenheit haben, die für Sachen der gleichen Art üblich ist. → Montageanforderungen: Diese Anforderungen fallen im Prinzip auch schon unter subjektive und objektive Anforderungen. Sie sind aber vom Gesetzgeber darüber hinaus noch einmal ausdrücklich vereinbart worden.
Aufg. 305	Die Aussage ist richtig.

C Kundenkommunikation im E-Commerce – LÖSUNGEN

Aufg. 306

a) Da die Ware nicht die im Kaufvertrag vereinbarte Beschaffenheit hat, entspricht sie nicht den subjektiven Anforderungen. Es liegt ein Mangel vor.

b) Hier entspricht der Staubsauger zwar den im Kaufvertrag festgelegten subjektiven Anforderungen (Modell R 1200; Farbe rot; Funktionsfähigkeit, weil das Gerät saugt). Nicht erfüllt sind aber die objektiven Anforderungen, weil Carolin Saager als Käuferin eine Beschaffenheit des Staubsaugers erwartet hatte, wie sie bei Staubsaugern derselben Art üblich sind.

Aufg. 307

Durch negative Beschaffenheitsvereinbarungen haben Verkäufer und Käufer die Möglichkeit, die objektiven Anforderungen durch vertragliche Vereinbarung außer Kraft zu setzen. Die negative Beschaffenheitsvereinbarung dient dazu, den Kunden aktiv über den Mangel zu informieren.

Aufg. 308

Mängel bei digitalen Produkten

Subjektive Mängel
- Abweichung von der vereinbarten Beschaffenheit
- Keine Eignung für die nach dem Vertrag vorausgesetzte Verwendung
- Keine Bereitstellung vertraglich vereinbarter Zubehörteile, Gebrauchsanweisungen und Serviceleistungen

Objektive Mängel
- Abweichung von der erwartbaren bzw. üblichen Beschaffenheit
- Keine Eignung des digitalen Produkts für die übliche Anwendung bzw. Verwendung eines Produktes dieser Art
- Keine Bereitstellung von Zubehörteilen, Gebrauchs Anleitungen oder Servicedienstleistungen, die normalerweise üblich sind

Integrationsmangel
- Keine Einbindung in das EDV-System des Verbrauchers möglich
- Keine Kompatibilität des digitalen Produkts

Verstoß gegen die Aktualisierungspflicht
- Funktion / Sicherheit / Kompatibilität
- Keine Bereitstellung von Aktualisierungen über einen maßgeblichen Zeitraum, die für den Erhalt der vertragsgemäßen Beschaffenheit des Produkts erforderlich sind
- gilt auch für Waren mit digitalen Elementen

Aufg. 309	a) falsche Werbeaussagen
	b) Mangel in der Art
	c) arglistig verschwiegene Mängel
	d) offene Mängel
	e) Mangel in der Güte
	f) Mangel in der Beschaffenheit
	g) mangelhafte Montageanleitung
	h) Rechtsmangel
	i) Montagefehler
	j) Mangel in der Menge
	k) versteckte Mängel
Aufg. 310	4
Aufg. 311	4
Aufg. 312	1
Aufg. 313	1, 5
Aufg. 314	2
Aufg. 315	1, 5

E LÖSUNGEN

Aufg. 316

Gewährleistungsfristen sind teilweise abhängig davon, welche Kaufvertragsarten im Hinblick auf die Kaufsachen vorliegen.

(Analoge) Waren	Digitale Produkte	Waren mit digitalen Elementen
Rein physische Güter, die für den Menschen einen Gebrauchs- oder Verbrauchswert haben. Beispiele: → Lebensmittel → Textilien	Alle rein digitalen Inhalte oder Dienstleistungen, die auf einem Datenträger gespeichert sind oder aus dem Internet geladen werden können. Beispiele: → Computerspiele → Apps → E-Books	Eher körperliche Gegenstände, die aber digitale Inhalte bzw. Dienstleistungen umfassen. Beispiele: → Smartphones → Digitalkameras Abhängig davon, ob die digitalen Elemente für die Funktion des Kaufgegenstandes entscheidend sind, gelten die Gewährleistungsrechte digitaler Produkte oder analoger Waren.

Aufg. 317

Bei einem **zweiseitigen Handelskauf** verkauft ein Unternehmer (z. B. ein Industrieunternehmen) einem anderen Unternehmen (z. B. einem Einzelhandelsunternehmen) eine Ware. Gibt es einen offenen Mangel, so muss unverzüglich gemahnt werden. Ist der Mangel versteckt, muss die Reklamation innerhalb von zwei Jahren erfolgen. Sie muss in diesem Zeitraum jedoch unverzüglich nach Entdeckung erfolgen. Bei arglistig verschwiegenen Mängeln beträgt die Reklamationsfrist drei Jahre.

Die Reklamationsfristen für den **einseitigen Handelskauf** sind für Kaufleute des Großhandelsmanagement nur in Ihrer Rolle als Privatpersonen sowie Kundinnen und Kunden wichtig: Hier gilt für offene und versteckte Mängel eine zweijährige Rügefrist[1]. Für arglistig verschwiegene Mängel beträgt die Rügefrist drei Jahre.

Zum Schutz des Verbrauchers gilt im Rahmen des Verbrauchsgüterkaufs bei einseitigen Handelskäufen eine Besonderheit, die **Beweislastumkehr**: Tritt in den ersten zwölf Monaten nach Kauf der Ware ein Mangel auf, geht man davon aus, dass er schon bei Lieferung bestand und somit vom Verkäufer verschuldet wurde. Im Streitfall muss der Verkäufer nachweisen, dass die Ware zum Zeitpunkt des Verkaufs mangelfrei war.

---

[1] Rügefrist ist ein anderer Begriff für Reklamationsfrist.

Aufg. 318 — Die Mangelfreiheit von Kaufsachen

Eine Kaufsache hat keine Mängel, wenn sie drei Anforderungen *gleichzeitig* erfüllt:

Subjektiver Anforderungen	Objektive Anforderungen	Montageanforderungen
Die Kaufsache muss dem entsprechend, was Käufer/-innen und Verkäufer im Vertrag im Hinblick auf die Beschaffenheit vereinbart haben. → Ein subjektiver Mangel ist also gegeben, wenn die Ist-Beschaffenheit der Kaufsache von der im Kaufvertrag festgelegten Soll-Beschaffenheit negativ abweicht.	Die Kaufsache muss sich für die branchenübliche Verwendung eignen oder eine Beschaffenheit haben, die für Sachen der gleichen Art üblich ist. → Ein objektiver Mangel liegt also vor, wenn die Ware **branchenüblichen** Anforderungen nicht entspricht.s	Diese Anforderungen fallen auch schon unter subjektive und objektive Anforderungen. Sie sind aber vom Gesetzgeber darüber hinaus noch einmal ausdrücklich vereinbart worden.

Bemerkenswert ist, dass ein Kaufgegenstand also auch dann mangelhaft sein kann, wenn er der vereinbarten Beschaffenheit vollständig entspricht (und damit die subjektiven Anforderungen erfüllt). Dies wäre etwa der Fall, wenn die Beschaffenheit dem Vereinbarten entspricht, die Sache sich jedoch nicht für eine gewöhnliche Verwendung eignet (also nicht den objektiven Anforderungen entspricht).

Aufg. 319

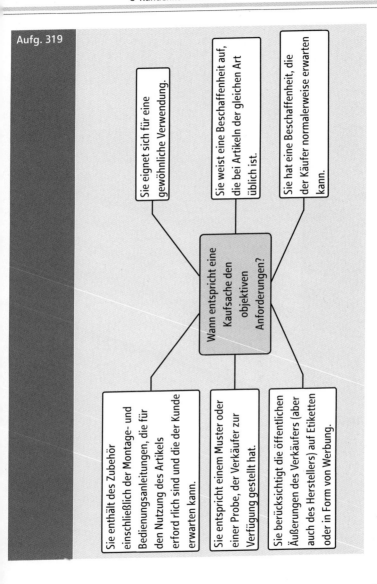

Aufg. 320

Mängel bei digitalen Produkten

- **Subjektive Mängel**
  - Abweichung von der vereinbarten Beschaffenheit
  - Keine Eignung für die nach dem Vertrag vorausgesetzte Verwendung
  - Keine Bereitstellung vertraglich vereinbarter Zubehörteile, Gebrauchsanweisungen und Serviceleistungen

- **Objektive Mängel**
  - Abweichung von der erwartbaren bzw. üblichen Beschaffenheit
  - Keine Eignung des digitalen Produkts für die übliche Anwendung bzw. Verwendung eines Produktes dieser Art
  - keine Bereitstellung von Zubehörteilen, Gebrauchs Anleitungen oder Servicedienstleistungen, die normalerweise üblich sind

- **Integrationsmangel**
  - Keine Einbindung in das EVD-System des Verbrauchers möglich
  - Keine Kompatibilität das digitalen Produkts

- **Verstoß gegen die Aktualisierungspflicht**
  - Funktion
  - Sicherheit
  - Kompatibilität

  - Keine Bereitstellung von Aktualisierungen über einen maßgeblichen Zeitraum, die für den Erhalt der vertragsgemäßen Beschaffenheit des Produkts erforderlich sind.
  - gilt auch für Waren mit digitalen Elementen

C Kundenkommunikation im E-Commerce – LÖSUNGEN

Aufg. 321 Bei B-Ware, gebrauchten Artikeln und Artikeln mit (bekannten) Mängeln kann für Händler das Problem auftauchen, dass die Ware einerseits die vertraglich vereinbarte Beschaffenheit aufweist und somit kein subjektiver Mangel vorliegt. Andererseits erfüllt solche Ware aber nicht die objektiven Anforderungen, weswegen dennoch ein objektiver Mangel vorliegt. Damit die Warenlieferung nicht als Schlechtleistung gilt, können in den Kaufverträgen negative Beschaffenheitsvereinbarungen verwendet werden. Durch diese haben Verkäufer und Käufer/-innen die Möglichkeit, die objektiven Anforderungen durch vertragliche Vereinbarung außer Kraft zu setzen: Die negative Beschaffenheitsvereinbarung dient dafür, dass der Kunde oder die Kundin aktiv über den Mangel informiert wird.

→ *Bei bürgerlichen Käufen* (C2C-Geschäften) und *zweiseitigen Handelskäufen* (B2B-Geschäften) ist dies vergleichsweise einfach: Relativ unkompliziert wird dem Käufer oder der Käuferin durch einen Hinweis im Kaufvertrag aufgezeigt, dass der Kaufgegenstand von schlechterer Qualität ist als man objektiv erwarten kann.

→ Bei *Verbrauchsgüterkäufen* müssen zusätzliche Voraussetzungen erfüllt sein. Eine negative Beschaffenheitsvereinbarung gilt bei einseitigen Handelsgeschäften (Verbrauchsgüterkäufen) nur noch dann als abgegeben, wenn
  o der Käufer/die Käuferin – vor Abschluss des Kaufvertrages – bewusst und deutlich auf schlechtere Beschaffenheit Kaufgegenstandes hingewiesen wurde, und
  o anschließend dies – im Kaufvertrag – ausdrücklich und gesondert (also in einem vom Kaufvertrag getrennten Dokument) vereinbart wurde.

Im Onlinehandel kann dies durch einen Button oder eine Schaltfläche erreicht werden, die der Verbraucher oder die Verbraucherin anklicken oder auf andere Weise bestätigen kann.

Aufg. 322 Durch ein Verfahren der alternativen Streitbeilegung – im Englischen Alternativ Dispute Resolution (ADR) genannt – kann oft ein Gang zum Gericht vermieden werden, was Kosten, Zeit und Stress erspart. Dabei vermitteln neutrale außergerichtliche Stellen zwischen Kunden und Händlern. Vorgeschlagen werden in vielen Fällen auch Lösungen.

E LÖSUNGEN

Aufg. 323 Die Onlinestreitbeilegung ist eine Sonderform der alternativen Streitbeilegung, die im Englischen Online Dispute Resolution (ODR) genannt wird. Dabei wird eine Plattform für eine Onlinestreitbeilegung der Europäischen Union kostenlos genutzt. Die Entscheidungen haben verbindlichen Charakter, beachtet werden muss jedoch, dass Händler nicht zur Onlinestreitbeilegung verpflichtet sind und daher eine Bearbeitung der Kundenbeschwerde verweigern können.

Aufg. 324 Während für Fehler an der Sache selbst die Mängelgewährleistung einspringt, wird von Produkthaftung bei Folgeschäden (Sach- und Personenschäden) aufgrund fehlerhafter Produkte gesprochen. In diesem Zusammenhang soll das Produkthaftungsgesetz für den den Schutz von Verbrauchern in ihrem persönlichen Eigentum und ihrer persönlichen Unversehrtheit sorgen. Zwar geht es nur um Schäden bei Privatpersonen, da aber die „Hersteller" haften, ist es auch für B2B-Unternehmen in bestimmten Fällen relevant. Als Hersteller sieht das Produkt Haftungsgrenzen an:

→ die eigentlichen Produzenten

→ die Teilehersteller

→ Importeure

→ Großhändler und Lieferanten

Nach dem Produkthaftungsgesetz besteht für Personenschäden ein Haftungshöchstbetrag von 85 Millionen €. Bei Sachschäden gibt es keine Haftungshöchstgrenze, allerdings eine Selbstbeteiligung in Höhe von 500,00 €.

Zu beachten ist:

→ Es gibt verschiedene Haftungsausschlussgründe.

→ Die Beweislast liegt beim Geschädigten.

→ Es gibt keinen Ersatz des Schadens nach zehn Jahren.

→ Es gilt eine Verjährungsfrist von drei Jahren nach Kenntnis des Fehlers.

Aufg. 325
a) Schriftstück, das Informationen über die mit der Sendung ausgelieferten Waren enthält

b) Schriftstück, das der effizienten Abwicklung eine Rücksendung im Lager des Verkäufers dient

c) Prozess des Zusammenstellens der Waren im Lager des Verkäufers

C Kundenkommunikation im E-Commerce – LÖSUNGEN

d) Überholung zurückgesendeter Waren für eine Wiederverwendung

e) freiwillige Rücknahme von Waren ohne Mängel

f) die freiwillige Verpflichtung eines Unternehmens, dass während einer bestimmten Zeitdauer ab Übergabe der Ware keine Mängel auftreten und der Unternehmer für die Mängelfreiheit einsteht

g) vom Hersteller schriftlich gegebene Zusicherung, innerhalb eines bestimmten begrenzten Zeitraums auftretende Defekte an einem gekauften Gegenstand kostenlos zu beheben

h) den Kundinnen und Kunden im Falle mangelhafter Lieferung zustehende Rechte aufgrund gesetzlicher Vorschriften

i) Diese Kennziffer setzt die Anzahl der von den Kundinnen und Kunden zurückgeschickten Artikel in ein Verhältnis zu der Anzahl der versendeten Artikel.

j) Diese Kennziffer gibt Auskunft über die Attraktivität des Angebotes des Webshops. Je höher diese ist, desto niedriger ist die Kundenzufriedenheit.

Aufg. 326

→ Erfassung von Kundendaten und Retourendaten in strukturierter Form für nahtlose Integration ins interne ERP-System oder bei externen Retourenabwicklern

→ Schnelle Aktualisierung des Retourenstatus für interne oder externe Weiterverarbeitung sowie aussagekräftige Datenanalysen für Vertrieb, Marketing und Logistik

→ Automatische Kundenbenachrichtigungen für die Retourenverarbeitung zur Stärkung der Kundenbindung und des Vertrauens

→ Reduzierung der Arbeitsbelastung für interne Retourenmanager durch automatisierte Retourenerfassung

Aufg. 327

4, 5, 1, 2, 7, 6, 3

Aufg. 328

→ sich ruhig und freundlich verhalten

→ Reklamation sofort bearbeiten

→ Reklamation ernst nehmen und das der Kundschaft (z. B. durch Zuhören, Ausredenlassen) zeigen

E LÖSUNGEN

	→ Schritte einer erfolgreichen Reklamationsbehandlung beachten: 1. durch aktives Zuhören den Kundinnen und Kunden ermöglichen, „Dampf" abzulassen. Klärung des Sachverhalts. Recherchieren (Wie ist es zur Unzufriedenheit der Kundinnen und Kunden gekommen?) 3. Wenn es die eigene Schuld ist: Entschuldigen! 4. Wenn Fremdverschulden vorliegt: Hilfe anbieten! 5. Für Abhilfe sorgen! 6. alles tun, um die Beziehung aufrechtzuerhalten
Aufg. 329	Ein Annahmeverzug liegt vor, wenn eine Käuferin/ein Käufer die bestellte Ware bei der Lieferung durch den Verkäufer nicht entgegennimmt.
Aufg. 330	→ die Fälligkeit der Lieferung → das ordnungsgemäße Anbieten der Ware → Der Annahmeverzug tritt ein direkt bei Nichtannahme durch die Käufer/-innen. Ein Verschulden und eine Mahnung sind nicht erforderlich.
Aufg. 331	→ Rücktritt vom Kaufvertrag und Verkauf der Waren an andere Kundinnen und Kunden oder → Bestehen auf Annahme (Sie können dann die Ware auf Kosten und Gefahr der Käuferin oder des Käufers einlagern und entweder im Klageweg auf Abnahme der Ware bestehen bzw. diese im Selbsthilfeverkauf verkaufen.)
Aufg. 332	a) Fälligkeit und Mahnung (in einigen Fällen ist keine Mahnung erforderlich) b) bestehen auf Zahlung (einschließlich evtl. Schadensersatz und Verzugszinsen) oder Ablehnung der Zahlung (= Rücktritt vom Vertrag)
Aufg. 333	Nur in Fall 2 muss gemahnt werden.
Aufg. 334	Um ausstehende Zahlungen einzutreiben, werden ein oder mehrere Mahnschreiben in abgestufter Form an den Schuldner verschickt. Dies bringt auf schnelle und kostengünstige Weise den Schuldner in Zahlungsverzug.
Aufg. 335	2

C Kundenkommunikation im E-Commerce – LÖSUNGEN

Aufg. 336	4
Aufg. 337	Der Europäische Zahlungsbefehl ist ein europäisches Verfahren, das in grenzüberschreitenden Fällen die rasche und kostengünstige Eintreibung unbestrittener Forderungen in den anderen EU-Mitgliedsstaaten ermöglichen soll. Mit einem Europäischen Zahlungsbefehl kann der Gläubiger grundsätzlich in jedem Mitgliedstaat der EU eine Vollstreckung ohne großen Aufwand bewirken (Ausnahme: Dänemark). Das für die Durchführung des Europäischen Zahlungsbefehls in Deutschland allein zuständige Gericht ist das Amtsgericht in Berlin-Wedding. Die Beantragung des Europäischen Zahlungsbefehls unterliegt einem Formzwang: Es müssen bestimmte Formblätter verwendet werden. Diese müssen in der Sprache des Mitgliedstaates des Gerichts ausgefüllt werden. Die Formulare sind in jedem Mitgliedstaat einheitlich aufgebaut und müssen mit Codeziffern ausgefüllt werden. Es gibt einen Katalog, der alle bestehenden Codeziffern in den Sprachen der Mitgliedsländer der EU enthält.
Aufg. 338	a) 9, b) 1, c) 2, d) 10, e) 3, f) 7, g) 5, h) 4, i) 6
Aufg. 339	richtig: 1, 3, 6, 7, 8, 11 falsch: 2, 4, 5, 9, 10
Aufg. 340	richtig: 1, 3, 7, 8, 9, 10 falsch: 2, 4, 5, 6, 11
Aufg. 341	→ Sprache ist eine äußerst natürliche und weit verbreitete Form der Kommunikation. → Sprache vermittelt eine Fülle von Informationen zwischen den Gesprächspartnern und kann eine emotionale Bindung herstellen, die in schriftlicher Kommunikation oft fehlt. → Ein zusätzlicher Vorteil ist die Geschwindigkeit, da ein kurzes Telefonat in zeitlicher Hinsicht effizienter ist als längere geschriebene Briefe.
Aufg. 342	a) Von Inbound spricht man bei passiven Telefongesprächen, bei denen die Kundinnen und Kunden selbst Initiative ergreifen und das Unternehmen anrufen. Es geht hier also um im Webshop ankommende Gespräche.

E LÖSUNGEN

b) Als Outbound werden vom Webshop ausgehende – aktive – Telefongespräche bezeichnet.

c) Von einer Hotline spricht man, wenn der Webshop einen speziellen telefonischen Beratungs- und Auskunftsdienst hat.

d) Ein Callcenter ist der Service eines externen Dienstleisters, der entweder Hilfestellung für ein bestimmtes vom Unternehmen vertriebenes Produkt leistet oder sogar für die Gesamtheit der Abläufe eines Unternehmens zuständig ist.

Aufg. 343

→ Jeder fasst sich kurz.

→ Es redet immer nur eine Person.

→ Alle sind für das Gruppenergebnis mitverantwortlich.

→ Jeder arbeitet mit.

→ An der Ergebnispräsentation sollten möglichst alle Gruppenmitglieder teilnehmen oder diese zumindest gemeinsam vorbereiten und dann einen Sprecher/eine Sprecherin wählen.

→ Über den „richtigen" Weg wird diskutiert.

→ Diskussionsbeiträge dürfen nicht persönlich verletzend sein.

→ Jedes Gruppenmitglied darf sich frei äußern und ausreden. Alle Meinungen werden gegenseitig anerkannt.

→ Fühlt sich jemand unwohl, sagt er es sofort.

→ Vereinbarte Termine werden eingehalten.

→ Jeder ist gegenüber der Gruppe für übernommene Aufgaben verantwortlich.

Aufg. 344

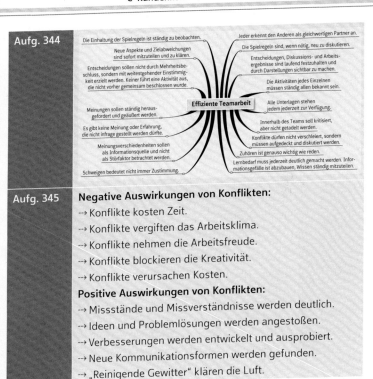

Effiziente Teamarbeit

- Die Einhaltung der Spielregeln ist ständig zu beobachten.
- Neue Aspekte und Zielabweichungen sind sofort mitzuteilen und zu klären.
- Entscheidungen sollen nicht durch Mehrheitsbeschluss, sondern mit weitestgehender Einstimmigkeit erzielt werden. Keiner führt eine Aktivität aus, die nicht vorher gemeinsam beschlossen wurde.
- Meinungen sollen ständig herausgefordert und geäußert werden.
- Es gibt keine Meinung oder Erfahrung, die nicht infrage gestellt werden dürfte.
- Meinungsverschiedenheiten sollen als Informationsquelle und nicht als Störfaktor betrachtet werden.
- Schweigen bedeutet nicht immer Zustimmung.
- Jeder erkennt den Anderen als gleichwertigen Partner an.
- Die Spielregeln sind, wenn nötig, neu zu diskutieren.
- Entscheidungen, Diskussions- und Arbeitsergebnisse sind laufend festzuhalten und durch Darstellungen sichtbar zu machen.
- Die Aktivitäten jedes Einzelnen müssen ständig allen bekannt sein.
- Alle Unterlagen stehen jedem jederzeit zur Verfügung.
- Innerhalb des Teams soll kritisiert, aber nicht getadelt werden.
- Konflikte dürfen nicht verschleiert, sondern müssen aufgedeckt und diskutiert werden.
- Zuhören ist genauso wichtig wie reden.
- Lernbedarf muss jederzeit deutlich gemacht werden. Informationsgefälle ist abzubauen, Wissen ständig mitzuteilen.

Aufg. 345

Negative Auswirkungen von Konflikten:

→ Konflikte kosten Zeit.

→ Konflikte vergiften das Arbeitsklima.

→ Konflikte nehmen die Arbeitsfreude.

→ Konflikte blockieren die Kreativität.

→ Konflikte verursachen Kosten.

Positive Auswirkungen von Konflikten:

→ Missstände und Missverständnisse werden deutlich.

→ Ideen und Problemlösungen werden angestoßen.

→ Verbesserungen werden entwickelt und ausprobiert.

→ Neue Kommunikationsformen werden gefunden.

→ „Reinigende Gewitter" klären die Luft.

Aufg. 346

Vorgehensweise im allgemeinen Konfliktfall:

Wahrnehmen:
- → Der Konflikt muss natürlich erst einmal erkannt werden.
- → Welche direkten oder indirekten Parteien befinden sich in welcher Eskalationsstufe?
- → Wer ist direkt betroffen, wer ist indirekt betroffen und wer fühlt sich betroffen?

Austragen:
- → Der Konflikt darf nicht verschwiegen werden. Er muss offen angegangen werden.
- → Der Konflikt sollte geregelt ausgetragen werden, sonst besteht die Gefahr der späteren Konfliktsteigerung.

Lösen:
- → Keine der Parteien sollte mit dem Gefühl der Unterlegenheit aus dem Konflikt hervorgehen.
- → Eine kooperative Problemlösung sollte angestrebt werden.

Nacharbeiten:
- → Eine nachträgliche Konfliktanalyse zeigt eventuell ständig bestehendes Konfliktpotenzial oder zumindest Parallelen auf.
- → Die Parteien müssen sich an die Vereinbarungen halten.
- → Ein Lerneffekt sollte folgen

Aufg. 347

a) 3
b) 4
c) 1
d) 2 und 4
e) 4
f) 3
g) 3
h) 1
i) 3 und 4
j) 4
k) 1 und 4

Aufg. 348	Begriff FAQ steht für „Frequently Asked Questions", was frei übersetzt auf Deutsch etwa „häufig gestellte Fragen" bedeutet. Es gibt zwei Arten von FAQs: ⇢ Eine **allgemeine FAQ-Seite** liefert Antworten auf Fragen zu unterschiedlichen Themenbereichen, die ein Kunde/eine Kundin im Zusammenhang mit dem gesamten Bestellprozess haben kann. Allgemeine FAQs stehen auf eigenen Seiten. Da viele Kundinnen und Kunden danach gezielt suchen, sollten die allgemeinen FAQs schnell im Webshop gefunden werden können. ⇢ **FAQs zu einzelnen Produkten** befinden sich i.d.R am Ende einer Produktdetailseite. Hier werden ganz konkrete Fragen zum Produkt beantwortet. Empfehlenswert sind solche FAQs auf Produktdetailseiten vor allem bei besonders erklärungsbedürftigen Produkten.
Aufg. 349	⇢ Großer Aufwand für Aktualisierungen ⇢ Mangel an persönlicher Interaktion ⇢ Veraltete Informationen
Aufg. 350	⇢ Zeitersparnis ⇢ Verfügbarkeit rund um die Uhr ⇢ Kosteneffizienz: Kundinnen und Kunden können potenzielle Kosten sparen, die durch Anrufe bei Hotlines oder den Besuch ⇢ Selbstständigkeit: Kundinnen und Kunden können Probleme und Fragen eigenständig lösen

Aufg. 351

→ Gliedern Sie die FAQ sinnvoll in thematische Gruppen

→ Formulieren Sie die FAQ in der Ich-Form, um die Zielgruppe direkt anzusprechen

→ Beantworten Sie die Fragen und Probleme aus der Perspektive der Kundinnen und Kunden, nicht aus der des Unternehmens

→ Verwenden Sie eine einfache und verständliche Sprache, die der Zielgruppe gerecht wird

→ Formulieren Sie die FAQ präzise und nutzen Sie allgemein verständliche Begriffe und Abkürzungen

→ Die FAQ sollten als Fragen mit entsprechenden Antworten formuliert sein

→ Bauen Sie Sprungmarken auf der Seite ein, um die Navigation zu erleichtern

→ Nutzen Sie Navigationselemente sowie Filter- und Suchfunktionen, um den Kundinnen und Kunden eine schnelle Suche zu ermöglichen

Aufg. 352

Eine besondere Form der E-Mails sind die Follow-up--Emails. Dies sind E-Mails oder eine Folge von E-Mails, die als Reaktion auf die Aktionen tatsächlicher oder auch möglicher Käufer gesendet werden. Follow-up E-Mails müssen immer einen thematischen Bezug zum ursprünglichen Auslösevorgang haben. Mit den Follow-up-Emails wird versucht, immer auch eine bestimmte gewünschte Handlung durchzusetzen.

Aufg. 353

Bieten Webshops ihren Kundinnen und Kunden Chatmöglichkeiten an, bekommen diese Gelegenheit, auf direktem Weg über die Prozesse und Produkte des Webshops beraten zu werden. Entscheidendes Merkmal eines Chats ist die Online-Kommunikation in Echtzeit. Zudem bekommt die vergleichsweise normale unpersönliche Kommunikation im Webshop einen persönlicheren Anstrich: Chats sind ein Mittel, um Onlineshops mehr Persönlichkeit zu verleihen.

Aufg. 354 Es gibt zwei Arten von Chatmöglichkeiten, die ein Webshop anbieten kann:

- → Live-Chat: Im Rahmen eines Live-Chats können die Kunden während des Besuchs des Webshops in Echtzeit mit einem Verkaufsmitarbeiter bzw. einer -mitarbeiterin sprechen oder schreiben. Im Gegensatz zu Chats mit Chatbots, wo mit vordefinierten Antworten auf vorher festgelegte Fragen gearbeitet wird, ist das Spektrum der Gesprächsgegenstände im Prinzip unbegrenzt: Die Kommunikation über Live-Chats ist erheblich flexibler.

- → Chatbots: Bei Chatbots kommunizieren die Kundinnen und Kunden mit einem Programm, das Antworten auf der Grundlage eines vorformulierten Scripts gibt: Es findet also eine automatisierte Konversation zwischen Kundinnen und Kunden und einer Software statt. Mit Techniken des maschinellen Lernens wird versucht, Gespräche mit Besuchern/Besucherinnen des Webshops zu verstehen, zu analysieren und Kundenfragen zu beantworten. Dabei wird im Rahmen eines kontinuierlichen Prozesses versucht, vordefinierte Antworten zu erstellen und bei Anfragen.

- → Hybridlösungen: Viele Webshops arbeiten auch mit Hybridlösungen. Dabei arbeiten die Live-Chats und Chatbots Hand in Hand, um komplexe Kundenbedürfnisse zu erfüllen und den Besuchern und Besucherinnen eine umfassende und zeitnahe Unterstützung zu bieten. Das Vorgehen in vielen Unternehmen ist so, dass zunächst allgemein und wiederkehrende Anfragen von Chatbots übernommen werden. Sollte der Chatbot jedoch nicht in der Lage sein, dem Kunden/der Kundin weiterzuhelfen, wird die Frage im Rahmen eines Live-Chats an einen Mitarbeiter oder eine Mitarbeiterin weitergeleitet und das Gespräch übernimmt.

Aufg. 355

a) Wenn alle anderen Methoden erfolglos waren: Kunde oder Kundin wird direkt gefragt, unter welchen Bedingungen er/sie zum Kauf bereit wäre.

b) Der Kunde oder die Kundin soll den Einwand durch eine Rückfrage verdeutlichen.

c) Nachdem zunächst dem Einwand des Kunden/der Kundin zugestimmt wird, wird er/sie jedoch durch eine Umformulierung eingeschränkt.

d) Ein erwarteter Einwand wird selbst ausgesprochen und gleich mit Gegenargumenten widerlegt.

e) Der Einwand wird zurückgestellt.

f) Der Einwand wird als positives Verkaufsargument zum Kunden/zur Kundin zurückgebracht

g) Der Kunde/die Kundin wird auf sein/ihr zögerliches Verhalten (= schweigender Einwand) angesprochen.

Aufg. 356

Feedback-Regeln:

Feedbacknehmer

→ Hören Sie zu.

→ Unterbrechen Sie den Feedbackgeber/die Feedbackgeberin nicht.

→ Rechtfertigen Sie sich nicht.

→ Fragen Sie bei Unklarheiten.

→ Geben Sie Rückmeldung, ob das Feedback hilfreich war.

Feedbackgeber

→ Geben Sie der Zielperson zunächst die Möglichkeit, sich kurz zu äußern.

→ Starten Sie nach Möglichkeit mit positiver Kritik.

→ Beschreiben Sie nur das, was Sie tatsächlich beobachtet haben und der Wahrheit entspricht.

→ Sprechen Sie in der Ich-Form.

→ Führen Sie mögliche Verbesserungsvorschläge auf.

D Wirtschafts- und Sozialkunde – LÖSUNGEN

Aufg. 357	4
Aufg. 358	Maximalprinzip
Aufg. 359	Minimalprinzip
Aufg. 360	Maximalprinzip
Aufg. 361	→ Umsatzmaximierung → Gewinnmaximierung → Erhöhung des Marktanteils → Kundenbindung und -gewinnung → Sicherung von Arbeitsplätzen → Steigerung des Images
Aufg. 362	1
Aufg. 363	4
Aufg. 364	4
Aufg. 365	a) Gesellschaften b) Personengesellschaften c) Kapitalgesellschaften d) Genossenschaft e) Einzelunternehmen f) OHG g) KG h) GmbH i) AG j) GmbH & Co. KG

Aufg. 366

	Einzelunternehmung	Offene Handelsgesellschaft	Kommanditgesellschaft	Gesellschaft mit beschränkter Haftung	Aktiengesellschaft
b) Mindestgründerzahl	1	2	2	1	1
b) Mindestkapital	–	–	–	mindestens 25 000,00 € Stammkapital (gegründet werden kann die GmbH mit 1,00 €)	mindestens 50 000,00 € Grundkapital
c) Haftung	unbeschränkt mit Privat- und Geschäftsvermögen	alle Gesellschafter unbeschränkt, unmittelbar, solidarisch	Komplementär wie bei der OHG, Kommanditist nur mit Einlage	nur die GmbH haftet mit ihrem Vermögen	nur die AG haftet mit ihrem Vermögen
d) Geschäftsführung und Vertretung	der Einzelkaufmann allein	jeder Gesellschafter	nur Komplementäre	Geschäftsführer	Vorstand
e) Gewinnverteilung	Einzelkaufmann erhält alles	falls keine vertragliche Regelung: erfolgt eine Verteilung der Gewinne nach der vereinbarten Beteiligung.	falls keine vertragliche Regelung: erfolgt eine Verteilung der Gewinne nach der vereinbarten Beteiligung.	im Verhältnis der Geschäftsanteile	im Verhältnis der Aktienanteile
f) Handelsregistereintrag	Abteilung A	Abteilung A	Abteilung A	Abteilung B	Abteilung B

D Wirtschafts- und Sozialkunde – LÖSUNGEN

Aufg. 367	2
Aufg. 368	1
Aufg. 369	4
Aufg. 370	a) Stelle b) Instanz c) Aufbauorganisation d) Stellenbeschreibung e) Abteilung f) Einliniensystem g) Mehrliniensystem h) Stabliniensystem i) Matrixorganisation j) Projektorganisation k) Spartenorganisation
Aufg. 371	Unternehmen müssen Pflichtmitglieder bei der Industrie- und Handelskammer (IHK) sein. Die IHKs nehmen die Interessen der Mitgliedsunternehmen gegenüber der Öffentlichkeit und politischen Gremien wahr. Sie sind zuständig für die Berufsausbildung und nehmen auch entsprechende Prüfungen ab. Sie bieten die unterschiedlichsten Dienstleistungsangebote an (Fortbildungen, Beratungen usw.).
Aufg. 372	Viele Unternehmen sind Mitglied von Arbeitgeberverbänden, von denen sie beratend unterstützt werden können. Sie führen für die Arbeitgeber die Tarifverhandlungen durch. Mit Gewerkschaften wird oft Kontakt aufgenommen zur Zusammenarbeit bei der Bewältigung von Strukturanpassungen oder Wirtschaftskrisen.
Aufg. 373	Die Stelle, an der Angebot und Nachfrage zusammentreffen, wird Markt genannt.
Aufg. 374	In einer Volkswirtschaft gibt es unterschiedliche Marktformen: a) Es gibt **Polypole**, wo sich viele Anbieter und viele Nachfrager an einem gleichen Ort treffen. b) Treten wenige Wirtschaftsteilnehmer auf einem Markt auf, liegt ein **Oligopol** vor. c) Von einem **Monopol** spricht man, wenn ein Wirtschaftsteilnehmer entweder der Einzelnachfrager oder der einzelne Anbieter ist.

Aufg. 375

a) **Angebotsmonopol:**
Ein Angebotsmonopol tritt auf, wenn ein einziger Anbieter die alleinige Kontrolle über die Versorgung eines bestimmten Gutes oder einer Dienstleistung hat. Dies bedeutet, dass es keine anderen Anbieter auf dem Markt gibt, die dasselbe Produkt oder die gleiche Dienstleistung anbieten können. Infolgedessen hat der monopolistische Anbieter erhebliche Macht über Preisgestaltung und Angebot des Gutes oder der Dienstleistung.

b) **Zweiseitiges Monopol:**
Ein zweiseitiges Monopol tritt auf, wenn es nur einen Anbieter und nur einen Nachfrager für ein bestimmtes Gut oder eine bestimmte Dienstleistung gibt. Dies ist typischerweise in Märkten für natürliche Monopole der Fall, in denen es nur einen Anbieter für ein Gut oder eine Dienstleistung gibt, und die Verbraucher haben keine andere Wahl, als von diesem Anbieter zu kaufen.

c) **Angebotsoligopol:**
Ein Angebotsoligopol liegt vor, wenn auf einem Markt nur wenige Anbieter existieren, die den Großteil des Angebots kontrollieren. Im Gegensatz zum Angebotsmonopol, bei dem nur ein Anbieter vorhanden ist, teilen sich beim Angebotsoligopol mehrere Unternehmen den Marktanteil untereinander auf. Diese Unternehmen können miteinander konkurrieren oder auch kooperieren, um ihre Marktstellung zu sichern oder zu verbessern. Oligopole sind oft durch eine hohe Marktanteilskonzentration gekennzeichnet und können die Preise und das Angebot auf dem Markt beeinflussen.

Aufg. 376

a) **Unvollkommener Markt:**
Ein unvollkommener Markt ist durch eine geringere Wettbewerbsintensität und eine höhere Marktmacht einiger Marktteilnehmer gekennzeichnet. In einem unvollkommenen Markt können einige Anbieter eine gewisse Marktmacht haben, sei es aufgrund von Produktdifferentiation, monopolistischen Merkmalen oder durch Eintrittsbarrieren wie Patente oder hohe Anfangsinvestitionen. Dies führt dazu, dass die Anbieter Preise setzen können, die über den Grenzkosten liegen, und die Nachfrage nicht perfekt elastisch ist.

	b) Vollkommener Markt: Ein vollkommener Markt wird oft als Ideal betrachtet und ist durch eine hohe Wettbewerbsintensität und die Abwesenheit von Marktmacht gekennzeichnet. In einem vollkommenen Markt gibt es viele Anbieter und viele Nachfrager, die homogene Produkte handeln, so dass keine einzelne Partei den Preis beeinflussen kann. In einem solchen Markt herrscht vollständige Transparenz, die Informationen sind für alle Marktteilnehmer leicht zugänglich, und es gibt keine Eintritts- oder Austrittsbarrieren für Unternehmen. In einem vollkommenen Markt führt der Wettbewerb dazu, dass sich Preise auf einem effizienten Niveau befinden und Ressourcen optimal allokiert werden.
Aufg. 377	Unter der Konjunktur werden Wirtschaftsschwankungen, die regelmäßig wiederkehren, verstanden.
Aufg. 378	Die Konjunktur kann in vier Phasen eingeteilt werden: → die Expansion (Aufschwung und Erholung) → der Boom (Hochkonjunktur) → die Rezession (Konjunkturabschwächung und Abschwung) → die Depression (Tiefstand oder Krise)
Aufg. 379	Zur Leistungserstellung eines Unternehmens ist es notwendig, immer mehrere betriebswirtschaftliche Produktionsfaktoren miteinander zu verbinden. Betriebswirtschaftliche Promotionsfaktoren sind: → ausführende Arbeit (die eigentliche menschliche Arbeitskraft) → Betriebsmittel → Werkstoffe → dispositive Arbeit (Planung, Leitung, Steuerung und Kontrolle)
Aufg. 380	→ Die privaten Haushalte stellen den Unternehmen die volkswirtschaftlichen Produktionsfaktoren Arbeit, Boden und Kapital zur Verfügung, produzieren keine Güter selbst und verbrauchen ihr gesamtes Einkommen. → Die Unternehmen bieten den privaten Haushalten Arbeitsplätze und produzieren Waren und Dienstleistungen, die am Markt angeboten werden.

LÖSUNGEN

→ Das Bankensystem sorgt dabei für die Sammlung der Ersparnisse der privaten Haushalte und deren Weitergabe zur Finanzierung von Investitionen an die Unternehmen.

→ Der Staat produziert öffentliche Güter und leistet Transferzahlungen (z. B. Sozialleistungen, Subventionen), dafür fließen ihm Mittel zu (z. B. Steuern und Gebühren), die von Unternehmen und privaten Haushalten aufgebracht werden.

Aufg. 381

Jedes Unternehmen gehört einem Wirtschaftssektor an:

→ Primärsektor: Unternehmen gewinnen Güter im Rahmen der Urproduktion aus der Natur.

→ Sekundärsektor: Unternehmen verarbeiten Güter weiter, bis sie Fertigerzeugnisse sind:

- Industrie: Mit hohem Kapitalaufwand werden große Produktionsmengen Durch Industrieunternehmen mit vielen Maschinen für einen anonymen Markt produziert.
- Handwerk: Kleinere Mengen werden durch Handwerksbetriebe zum Teil noch mit der Hand für in der Regel bekannte Kunden hergestellt.

→ Tertiärsektor: Hierzu gehören neben Dienstleistungsunternehmen (wie zum Beispiel Banken und Versicherungen) überwiegend Unternehmen, die Fertigerzeugnisse zum Verbraucher bringen:

- Logistik- und Verkehrsunternehmen übernehmen Transportleistungen
- Der Handel bringt zunächst über den Großhandel, dann über den Einzelhandel Waren bis hin zur Verbraucher.

→ Der vierte Wirtschaftssektor wird oft auch Informationssektor genannt: Dazu gehören insbesondere Unternehmen der Informationsbranche.

Unternehmen im Bereich des E-Commerce sind überwiegend im Handel tätig, da sie vor allem Güter ein- und verkaufen.

Aufg. 382

richtig: 2, 4, 5, 6, 9

falsch: 1, 3, 7, 8

Aufg. 383

In der Ausbildungsordnung ist festgelegt:
- die Bezeichnung des anerkannten Ausbildungsberufs
- die Ausbildungsdauer
- das Ausbildungsberufsbild
- der Ausbildungsrahmenplan, der verbindlich festlegt, was im Ausbildungsbetrieb zu vermitteln ist
- die Prüfungsanforderungen

Aufg. 384

a) Werden von den Parlamenten beschlossen. Bundesgesetze werden also vom Bundestag unter Mitwirkung des Bundesrats (Landesgesetze der einzelnen Bundesländer von deren Landtagen) beschlossen.

b) Diese können von der Bundesregierung, einem Bundesminister oder einer Landesregierung erlassen werden, wenn diese durch ein Gesetz dazu ermächtigt sind.

c) Vereinbarungen, die zwischen Gewerkschaften und Arbeitgeberverbänden oder einzelnen Arbeitgebern abgeschlossen werden

d) Vereinbarungen zwischen dem Arbeitgeber und dem Betriebsrat über die Ordnung und die Arbeitsverhältnisse des einzelnen Betriebs

e) Die Arbeitnehmer/-innen müssen die im Arbeitsvertrag vereinbarte Arbeitsleistung erbringen.

f) Die Arbeitnehmer/-innen dürfen Geschäfts- und Betriebsgeheimnisse nicht Dritten mitteilen.

g) Die Arbeitnehmer/-innen dürfen sich nicht bestechen lassen.

h) Solange das Arbeitsverhältnis besteht, darf ein kaufmännischer Angestellter ohne Einwilligung des Arbeitgebers nicht selbstständig ein Handelsgewerbe betreiben oder in dem Handelszweig des Arbeitgebers Geschäfte für eigene oder fremde Rechnung betreiben.

i) Nach Beendigung des Arbeitsverhältnisses darf ein kaufmännischer Angestellter seinem bisherigen Arbeitgeber grundsätzlich Konkurrenz machen. Soll ein Wettbewerbsverbot auch nach Beendigung des Arbeitsverhältnisses bestehen, muss dieses ausdrücklich vertraglich geregelt werden. Dieses Wettbewerbsverbot darf nicht länger als zwei Jahre nach Beendigung des Arbeitsverhältnisses bestehen.

E LÖSUNGEN

j) Der Arbeitgeber muss für die erbrachte Arbeitsleistung des Arbeitnehmers eine Vergütung bezahlen. Der Arbeitgeber muss das Gehalt an seine Angestellten spätestens am letzten Werktag des Monats bezahlen. Das Gehalt muss auch bei Arbeitsunfähigkeit wegen Krankheit bis zu sechs Wochen weiterbezahlt werden.

k) Der Arbeitgeber ist verpflichtet, dem Arbeitnehmer nicht nur ein Entgelt zu zahlen, sondern ihn auch tatsächlich zu beschäftigen.

l) Der Arbeitgeber muss den Arbeitnehmer/-innen in jedem Kalenderjahr bezahlten Erholungsurlaub gewähren. Dabei ist es unzulässig, den Urlaub regelmäßig durch Geldzahlungen abzugelten.

m) Der Arbeitgeber muss alle Arbeitsbedingungen so gestalten, dass die Arbeitnehmer/-innen gegen Gefahren für Leben und Gesundheit so weit wie möglich geschützt sind.

n) Die Arbeitnehmer/-innen können von ihrem Arbeitgeber bei Beendigung des Arbeitsverhältnisses ein schriftliches Zeugnis verlangen.

Aufg. 385

Tritt man nach einer Ausbildung in ein Arbeitsverhältnis ein, gilt der Arbeitsvertrag. Dies ist ein Dienstvertrag, durch den sich ein Beschäftigter gegenüber seinem Arbeitgeber zu einer entgeltlichen Arbeitsleistung verpflichtet. Geregelt werden unter anderem Beginn und eventuell Dauer des Arbeitsverhältnisses, die Tätigkeit, die Höhe des Lohns bzw. Gehalts, der Arbeitsort und die Arbeitszeit.

Aufg. 386

→ Jugendliche dürfen keine gesundheitsgefährdenden Arbeiten, keine Akkordarbeit, keine Arbeiten, die ihre Leistungsfähigkeit überschreiten ausführen sowie keine Arbeiten verrichten, bei denen sie sittlichen Gefahren ausgesetzt sind.

→ Jugendliche dürfen täglich höchstens 8 Stunden beschäftigt werden. Die tägliche Arbeitszeit darf auf 8,5 Stunden erhöht werden, wenn dadurch die wöchentliche Arbeitszeit von 40 Stunden nicht überschritten wird.

Aufg. 387

→ Der **Manteltarifvertrag** regelt allgemeine Arbeitsbedingungen, z. B. Arbeitszeit, Urlaub, Kündigungsfristen, Zulagen.

	→ Der **Lohn- und Gehaltstarifvertrag** regelt die Lohn- und Gehaltshöhe für die Arbeitnehmer in den verschiedenen Lohn- und Gehaltsgruppen. Er regelt auch die Höhe der Ausbildungsvergütung.
Aufg. 388	Unter **Tarifautonomie** versteht man das Recht der Tarifvertragsparteien (en und Arbeitgeberverbände), Tarifverträge ohne Einmischung des Staates auszuhandeln. **Friedenspflicht** bedeutet, dass während der Gültigkeitsdauer eines Tarifvertrags von den vertragschließenden Gewerkschaften und Arbeitgeberverbänden keine Arbeitskampfmaßnahmen (Streiks und Aussperrungen) durchgeführt werden dürfen.
Aufg. 389	**Betriebsvereinbarungen** regeln die Ordnung und die Arbeitsverhältnisse des einzelnen Betriebs, z. B. Arbeitszeiten, Pausenzeiten, Urlaubsregelungen. Sie gelten für alle Mitarbeiter und Mitarbeiterinnen des Betriebs. Betriebsvereinbarungen werden zwischen Arbeitgeber und Betriebsrat abgeschlossen.
Aufg. 390	→ Sechs Wochen vor bis acht Wochen nach der Entbindung gilt ein Beschäftigungsverbot. Dieses tritt auch früher in Kraft bei Gefahr für Mutter und Kind. → Es ist ein Kündigungsschutz vorgesehen, einerseits während der Schwangerschaft bis vier Monate nach der Entbindung, andererseits während des Erziehungsurlaubs. → Ansonsten sind schwere körperliche und gesundheitsgefährdende Arbeiten (auch Nacht-, Sonn- und Feiertagsarbeit) verboten.
Aufg. 391	a) Notstromaggregaten b) Hardware-Schreibschutz c) Parallelrechner d) mechanische Sicherungen e) Streamer f) räumliche Sicherungen g) periodisches Anfertigen von Sicherheitskopien h) Überwachungsprotokolle des Betriebsablaufs i) Schulungen j) Doppelbesetzungen

E LÖSUNGEN

	k) Vier-Augen-Prinzip
	l) Plausibilitätskontrollen
	m) Passwortverfahren
	n) Berechtigungscodes
	o) Software-Schreibschutz und versteckte Dateien
	p) Verschlüsselung von Daten
	q) Prüfziffernverfahren
Aufg. 392	→ Einhaltung der Brandschutzvorschriften
	→ Einsatz technischer Brandschutzvorrichtungen
	→ Schlösser
	→ Stahltüren
	→ Überwachungsmaßnahmen
	→ Zugangsbeschränkungen (Niemand außer dem Lagerpersonal darf die Lagerräume betreten.)
	→ Einhaltung der Vorschriften des Arbeitsschutzes
	→ Schutz des Lagerpersonals vor schädlichen Einflüssen
	→ Einhaltung der Unfallverhütungsvorschriften der Berufsgenossenschaften
	→ Beachtung der Sicherheitskennzeichnung im Lager
	→ Beachtung des baulichen Brandschutzes
	→ Beachtung des allgemeinen Brandschutzes
Aufg. 393	→ unbedingt Ruhe bewahren
	→ Panik vermeiden
	→ Betroffene Personen müssen sich selbst und andere in Sicherheit bringen.
	→ Die Feuerwehr muss über Feuermeldeeinrichtungen oder über den Notruf 112 alarmiert werden.
	→ Nur wenn keine Gefahr mehr besteht, sind erste Löschmaßnahmen zu ergreifen.
Aufg. 394	(1) richtig
	(2) falsch (Die Kolleginnen und Kollegen könnten den Brand ebenfalls schon mit den weiteren Feuerlöschern bekämpfen.)

	(3) falsch (4) richtig
Aufg. 395	1, 3, 4
Aufg. 396	Für Webshops, die ausländische Waren in Deutschland verkaufen, ist es wichtig, dass ihre Artikel oft eine CE-Kennzeichnung benötigen, bevor sie in der Europäischen Union verkauft werden dürfen. Dieses Kennzeichen bestätigt, dass die Artikel wesentliche Anforderungen von EU-Vorgaben an die Sicherheit, Gesundheit, Umweltverträglichkeit und Energieeffizienz erfüllen. Webshops dürfen nicht gekennzeichnete Artikel nicht verkaufen. Ebenfalls dürfen nicht kennzeichnungspflichtige Artikel kein CE-Kennzeichen enthalten. Vor diesem Hintergrund haben Webshops die Aufgabe, zu prüfen: → ob die erforderliche CE-Kennzeichnung an dem jeweiligen Artikel angebracht ist, → ob die Konformitätserklärung mit den EU-weiten Anforderungen, die Gebrauchshinweise sowie die Gebrauchsanweisung und die Sicherheitseinweisung in der Sprache der Kundinnen und Kunden verfasst ist. $C\epsilon$
Aufg. 397	Immer mehr Kundinnen und Kunden legen auf nachhaltige Artikel Wert. Ein Webshop muss daher entsprechende Artikel ins Sortiment aufnehmen. Viele Kundinnen und Kunden achten auch darauf, ob darüber hinaus das Unternehmen nachhaltig in allen betrieblichen Bereichen auftritt.
Aufg. 398	Übernahme der Verantwortung für zukünftige Generationen
Aufg. 399	→ Ökonomische Nachhaltigkeit: Unternehmen sollten so an den Märkten auftreten, dass sie auf Dauer funktionstüchtig sind.

	→Soziale Nachhaltigkeit: Soziale Verantwortung und soziales Miteinander stehen im Vordergrund der unternehmerischen Tätigkeit.
	→Ökologische Nachhaltigkeit: Das Unternehmen versucht den rücksichtsvollen Umgang mit Ressourcen der Natur.
Aufg. 400	a) Unter Ressourcenschonung wird der schonende und effiziente Einsatz bzw. Umgang mit natürlichen, endlichen Ressourcen verstanden. Ziel der Ressourcenschonung ist es, natürliche Rohstoffe für künftige Generationen verfügbar zu halten.
	b) Unter Abfallvermeidung wird die Verringerung
	→der Abfallmenge und
	→der schädlichen Auswirkungen des Abfalls auf die Umwelt und die menschliche Gesundheit und des Gehalts an schädlichen Stoffen in Materialien und Produkten
	verstanden.
	c) Zum Umweltschutz gehören alle Maßnahmen, die getroffen werden, um die Umwelt zu schützen und somit die Gesundheit der Menschen zu bewahren.
Aufg. 401	a) 3
	b) 3 und 4
	c) 2
	d) 1 und 2
	e) 1
	f) 2
	g) 3
	h) 4
	i) 4
	j) 3
	k) 2

Bildquellenverzeichnis

Getty Images (RF), München: mikimad 1.1.
Hild, Claudia, Angelburg: 243.1.
stock.adobe.com, Dublin: made_by_nana 259.1; nsdpower 1.2; pressmaster Titel.

Sachwortverzeichnis

A
Absatzwerbung 75
A/B-Tests 95
Affiliate Marketing 54
Affiliates 84
After-Sales-Services 81
Allgemeine Geschäftsbedingungen 37
Annahmeverzug 134
Arbeitsvertrag 151
Aufbauorganisation 147
Auktionen 51
Ausbildungsordnung 150
Ausgleichsnehmer 72

B
B2B 42
B2C 42
Banner 98
bargeldlosen Zahlung 24
Barzahlung 24
Berufsbildung 150
Bestandskonten 106
Betriebsvereinbarung 152
Bewegungsdaten 15
Bilanz 104
Bildschirmauflösung 41
Body 13
Bounce Rate 55
Brandfall 154
Break-Even-Point 122

C
Callcenter 139
Call-to-Action-Button 29
Checkout-Prozess 28
Controlling 124
Conversion-Funnel 89
Conversion-Rate 89
Conversions 54
Cookies 96
Cross-Selling 23
Customer Journey 55
Customer-Relation-Marketing 81

D
Datenfeed 58
Datenkonsistenz 16
Datenschut 22
Datenschutz 40
Datenschutzgrundverordnung 40
Datensicherheit 40
Datensicherung 152
Datensparsamkeit 32
Deep Links 19
Direktwerbung 75
Disclaimer 39
Distributionspolitik 73
Diversifikation 70

E
einseitigen Handelskauf 131
einseitiger Handelskauf 131
Einzelkosten 117
elektronischer Katalog 17
Erfolgskonten 110
Erfüllungsort 35
Ergonomie 45
ERP-Systeme 59
Exit Rate 55

F
Fernabsatzrecht 39
fixe Kosten 117
Footer 13
Funktionalität 44

G
Gemeinkosten 117
Gerichtsstand 35
Geschäftsfähigkeit 34
Geschäftsfälle 105
Gesprächsstörer 137

H
Handelsvertreter 73
Header 13
Hotline 139
Hot Links 19

I
Impressum 18
Inbound 139
Industrie- und Handelskammer 148
Interoperabilität 43

J
Jugendarbeitsschutzgesetz 151
Jugendarbeitsschutzgesetzes 151

K
Kalkulation 101
Kapitalgesellschaft 145
Käufermarkt 68
Kaufvertragsarten 36
Kernsortiment 26
Killerphrasen 137

Sachwortverzeichnis

Kommunikationspolitik 74
Komprimieren 41
Konditionspolitik 72
Konjunktur 149
Kontenrahmen 109
Konvertieren 41
Kostenstellenrechnung 117
Kostenträgerrechnung 117
KPI 125
Kundenbeziehungsmanagement 78
Kundenselektion 82

L

Landing Page 11
Lieferschein 133
Lieferverzug 128
Local Commerce 49
Logistikdaten 15
Lohn-/Gehaltstarifvertrag 151

M

Mahnverfahren 135
Manteltarifvertrag 151
Marketing 68
Marketingdaten 15
Marketingkonzept 77
Marketing-Mix 77
Markt 149
Marktbeobachtung 69
Marktforschung 69
Marktsegmentierung 68
Marktstrategien 25
Meilenstein 63
multivariate Tests 95

N

Nachhaltigkeit 155
negative Beschaffenheitsvereinbarung 130
Nicht-rechtzeitig-Lieferung 128
NOS-Artikel 26
Null-Treffer-Seiten 95

O

Ökolabel 156
ökonomische Prinzip 144
Oligopol 149
One-to-one-Marketing 80
Onlinemarketing 82
Outbound 139

P

Packung 70
Paginierung 11
Polypol 149
Preisangabenverordnung 22
Preisdifferenzierung 72
Preispolitik 72
Product Placement 75
Produktboxe 11
Produktdaten 15
Produktdetailseite 11
Produktfilter 11
Produktinformationssystem 17
Produktkategorien 17
Produktlebenszyklus 69
Produktpolitik 69
Projekts 62
Public Relations 75

R

Rabatt 73
Rechtsfähigkeit 33
Rechtsgeschäfte 33
Recycling 157
Refurbishing 133
Repricing 101
responsives Webdesign 13
Retourenquote 134
Retourenschein 133
Risikomanagement 32
ROAS 54
ROI 54

S

SEA 53
Serviceleistungen 22
Sicherheit 154
Social Media Marketing 54
Sortiment 25
Sortimentspolitik 70
Sponsoring 75
Stammdate 57
Stammdaten 16
Stornoquote 134
Subshops 53
Surface Links 19

Sachwortverzeichnis

T
Targeting 85
Teaser 11
Trust-Siegel 11

U
Up-Selling 23
Urheberrecht 20
Usability 43
UWG 78

V
variable Kosten 117
Vektorgrafik 41
Verjährung 135
Verpackung 70
virales Marketing 53

W
Warenbuchungen 111
Wareneingang 128
Warenkorb 29
Warenwirtschaftssysteme 59
Web Analytics 126
Werbung 75
Widerrufsrecht 39
Wirtschaftskreislauf 149

Z
Zahlungsverzug 135
zweiseitigen Handelskauf 131